U0734912

普通高等院校"十一五"国家级规划教材

普通高等院校高职高专会计专业精品课程建设规划教材

Practical Guide
to Fundamental
Accounting

基础会计实训指导

第五版

银样军　周剑　主编

唐丽红　姬海华　副主编

湖南大学出版社

内 容 简 介

本书是 21 世纪高职高专会计专业规划教材中《基础会计》一书的配套实训指导用书。全书分三大部分：第一部分为基础会计实训，包括了单项内容实训和全面综合实训；第二部分为基础会计练习题，主要题型包括选择题、判断题、计算分析题、业务核算题以及综合练习题；第三部分为基础会计综合模拟试题，共 4 套，供学生学完本书后自测之用。

图书在版编目(CIP)数据

基础会计实训指导(第五版)/银样军,周剑主编.—5 版.
—长沙:湖南大学出版社,2009.2(2013.8 重印)
(21 世纪高职高专会计专业规划教材)
ISBN 978 - 7 - 81113 - 571 - 8

Ⅰ.基...　Ⅱ.①银...②周...　Ⅲ.会计学—高等学校:技术
学校—教材　Ⅳ.F230
中国版本图书馆 CIP 数据核字(2009)第 015632 号

基础会计实训指导(第五版)
JICHU KUAIJI SHIXUN ZHIDAO(DIWUBAN)

主　　编:银样军　周　剑
责任编辑:陈建华
出版发行:湖南大学出版社
社　　址:湖南·长沙·岳麓山　　　邮　　编:410082
电　　话:0731 - 88822559(发行部),88821327(编辑室),88821006(出版部)
传　　真:0731 - 88649312(发行部),88822264(总编室)
电子邮箱:presschenjh@hnu.cn
网　　址:http://www.hnupress.com
印　　装:湖南天闻新华印务邵阳有限公司
开本:787×1092　16 开　　　印张:17.5　　　　　　字数:296 千
版次:2010 年 1 月第 5 版　　印次:2013 年 8 月第 3 次印刷　　印数:15 001～20 000 册
书号:ISBN 978 - 7 - 81113 - 571 - 8/F·195
定价:35.00 元

版权所有,盗版必究
湖南大学版图书凡有印装差错,请与发行部联系

总　序

　　我国经济社会实现可持续发展的一个必要条件是拥有高素质的各级各类人才。而当前社会紧缺的、急需的是在生产经营、管理和服务第一线工作的高层次应用型人才、技术型人才。我国的高等职业教育就是适应这一形势而发展起来的。高职教育是高等教育体系（高职教育、本科生教育、研究生教育）中重要的组成部分，虽起步较晚，但发展速度很快，发展势头喜人，已达到了相当规模。目前全国有900多所高职院校，在校人数500多万，占高校学生总数的一半多。由于高职教育处于初创时期，绝大多数高职学校是由中职学校和职工大学并转过来的，在教学管理、课程设置、师资队伍建设、教材建设等方面均处于探索阶段，没有现成的经验可资借鉴。例如在教材方面，关于高职教材建设的理论研究很少，适合高职特点的教材不多，特别是专业课教材，许多尚是空缺，沿用传统学科体系、本科压缩型教材现象较普遍，已有的教材也不系统，缺乏规划。教材是教师传授知识的载体，是学生学习知识的依据。教材建设应以实现人才培养目标为宗旨。2003年，教育部明确提出高职教育改革的方向要以就业为导向，由以往的"技术型、应用型"人才培养目标调整为"技能型、应用型"人才培养目标，因此建设体现时代特征的适合高职特点的教材就成为管理部门、学校、教师和出版单位的共同责任。

　　湖南大学出版社以高等教育为己任，将其出版本科教材的经验延伸到高职教材上来，组织出版了高职高专会计系列教材和高职高专市场营销、电子商务系列教材。首先他们的规划和组织工作做得比较扎实，值得肯定。出版社的领导和编辑采取"走出去"的方式，深入到全国30多所高职院校，与高职院校老师座谈，开展教学和教材建设调查研究，获得了感性认识和大量的信息。在此基础上，采取"请进来"的方式，在湖南省教育厅职成处、省教科院职成所、省高职教育经济管理学会教学研究会的指导下，他们邀请了高职院校院系领导和骨干教师召开了多次教材建设研讨会，与会老师充分交流了教学改革、课程设置、教材建设的经验，将教学研究与教材建设结合起来，为开发新教材奠定了基础。教材编审委员会对教材编写的指导思想、教材定位、特色、名称、内容、篇幅等作了认真的论证。对教材主编、副主编的资质要求严格，根据提交的写作提纲来确定主编。他们还聘请了湖南大学等高校的教授专家参与教材提纲的讨论、审定和教材初稿的审稿工作，进一步提高了书稿的编写质量。出版社的编辑提前介入，参与了策划编写的全过程，提高了教材的编辑含量。

就这两套教材本身而言，也有几个明显的特点：1. 体现了"理论够用，突出实践"的原则。在内容编排上，淡化学科性，克服过去教材理论偏多、偏深的弊端，理论以够用为标准，注重重点知识的讲解，脉络清楚。在内容的侧重点上，突出实践操作，将教材内容与工作岗位对专业人才的知识要求、技能要求结合起来，与职业资格、技能证书有意识地衔接，将案例教学提到重要位置，构建案例式教学体系。2. 内容创新。教材反映了知识更新和科技发展的最新动态，将新的制度规章、新的操作技术、新的案例、新的数据资料反映到教材中来，体现了高职教育专业设置紧密联系生产、建设、服务、管理一线的实际要求。3. 教材体系立体化。对重点课程教材出版了配套实训指导及习题集，提供电子课件、电子教案、教学指导、题库、案例素材库等教学资源支持服务平台。4. 结构合理，形式活泼。由于作了统一规划，相关教材之间（如财务会计、成本会计、管理会计之间，市场营销实务、营销策划、推销理论与技巧之间）内容安排合理，有机衔接，避免了不必要的重复。教材的篇幅适当，内容精练。主干教材都配有学习指导、思考题和练习题。书中还运用了大量的图表来阐述较为复杂的问题，使课本的层次性更强，同时使版式更活泼，有利于提高学生的阅读兴趣，从而在某种程度上达到易学的目的。总之，教材整体上贯穿了"以全面素质为基础，以能力为本位，以就业为导向"的编写指导思想和理念。

教材的生命力在于质量，而提高质量是永恒的主题。希望湖南大学出版社能做到与时俱进，根据高职教育改革和发展的形势，不断对教材进行修订、改进、完善，使之更好地适应培养高素质社会主义建设人才的需要。

湖南省教育厅副厅长　　　　　　　（教授、博士生导师）

前　言

本书是《基础会计》的配套实训教材，是为了使学生进一步巩固掌握《基础会计》的基本理论、基本方法和基本操作技术，提高学生对会计实际工作的感性认识和实际操作能力，提高课堂理论教学效果，由多年从事会计实践教学经验的教师精心编写而成。可供各类职业院校会计专业和其他相关专业作教学之用。

本书分为三个部分，第一部分主要是基础会计实训内容，包括：会计核算书写规范及实训，会计原始凭证的填制与审核规范及实训，会计记账凭证的填制与审核规范及实训，会计账簿的设置、登记规范及实训，主要会计处理程序综合实训，财产清查规范及实训，会计报表编制规范及实训，会计凭证与账簿的装订、保管技术和基础会计综合实训等。其中实训一至实训八是单项内容的实训，主要供平时理论教学中所需要的课堂实践操作而编写的，目的是加深学生对理论教学的感性认识。实训九是供学生在学完所有理论课后进行的全面综合模拟训练所编写的（专门进行实训时间一周），是对学生学习基础会计后实践操作能力的一次全面检验和巩固。第二部分主要是基础会计练习题，与基础会计的内容编排完全一致，包括单项选择题、多项选择题、判断题、计算题和业务题等，主要是供学生平时练习之用，以提高学生的学习效果。第三部分是基础会计综合模拟试题，共四套，供学生进行自我测验之用。通过学习本书，学生能够将实践与理论有机地结合起来，实现高等职业人才培养的目标。

本书由银样军、周剑任主编，唐丽红、姬海华任副主编，参加本书编写的有银样军（实训九，基础会计练习题，基础会计综合模拟试题一、二）、周剑（实训二，基础会计综合模拟试题三、四）、唐丽红（实训五）、姬海华（实训七）、彭湘华（实训一）、王玉芹（实训二、实训三）、朱余娥（实训四）、刘国莲（实训六）、黄慧（实训八）、曹立村（实训九）等。全书由银样军统稿，曹立村参与了全书的定稿工作。

本书在编写过程中，得到了有关领导和同行及社会企事业单位会计实务工作者的大力支持与协助，在此，表示诚挚的感谢。同时，由于时间仓促，差错之处在所难免，敬请广大读者批评指正。

编　者
2005 年 5 月

第二版前言

　　本书出版半年以来，得到了广大高职院校师生的好评，一致认为本书为高职院校的基础会计实践教学提供了良好的指导和素材。学生使用完本书后感到收获非常大，特别是刚刚接触到会计知识的入门者，通过学习本书后对会计工作有了更加清晰直观的认识，为其日后走上会计工作岗位搭建一座理论与实践相沟通的桥梁。这也是本书编者的出发点和良好愿望。

　　当然，本书在第一次印刷后，也收到了广大读者对本书提出的宝贵意见，作为编者，本人在此表示衷心的感谢和诚挚的歉意。

　　这次对本书进行了比较全面的修订。其中，对第二章的部分数据进行了适当的修正。此外，使用过本书的读者反映，由于时间紧张，学生难以完成第九章的综合实训，再加上对原始凭证的填制和审核技术已经在本书的第二章进行了比较全面的实训，所以编者对第九章的原始凭证进行了大幅度的调整，将所有经济业务的有关数据和相关资料全部填入原始凭证中，不再需要学生自己进行操作。另外对基础会计练习题的编排顺序进行了适当的调整，使之与基础会计教材的编排完全一致。

　　最后，由于各方面原因，本书仍可能存在一些错漏，在此也再一次敬请广大读者批评指正，使本书不断得以完善。

编　者
2006 年 2 月

第三版前言

2006 年 2 月 15 日财政部颁布了新的《企业会计准则——基本准则》及《企业会计准则——存货》等 38 项具体准则，10 月 30 日财政部又颁布了《企业会计准则——存货》等 32 项具体准则的应用指南，并规定自 2007 年 1 月 1 日起在上市公司范围内全面施行，鼓励其他企业执行。至此，一套完整、全新的会计准则体系终于诞生了。

此次会计准则体系的修订与完善，是我国财政部为适应新形势下国内外经济环境的发展变化而作出的重大会计政策改革，改革范围之广、程度之深是空前的；是我国为了适应市场经济条件下对会计信息需求多元化的需要，适应经济全球化下会计准则国际趋同的世界潮流，落实科学发展观，推进和谐社会建设而发布实施的新的会计准则体系。针对国家财务会计政策的巨大变化，本教材编者对本书相应部分的内容全部按照新准则的规定和要求进行了修订，以便于学生学习和教师教学。

在此，对一贯支持和关心本书出版的各位领导、同行和广大师生给予深深的感谢和敬意，也深感只有不断完善本书的内容和体系，才不负大家的厚望。

编　者
2007 年 2 月

目　次

参考文献

第1部分

基础会计实训

实训一 会计核算书写规范及实训

【数字书写规范】

会计核算中的数字包括大写数字和小写阿拉伯数字。大写数字可分为大写金额数字和一般大写数字；小写阿拉伯数字可分为小写阿拉伯金额数字和一般小写阿拉伯数字。

（一）大写数字

大写数字主要用于填制需要防止涂改的信用凭证，如收据、发票、支票以及经济合同等书面凭证。

1. 数码和数位

大写数字是由数码和数位组成的，表示位的文字前必须有数字。

（1）数码：零、壹、贰、叁、肆、伍、陆、柒、捌、玖。不可用另、一、二、三、四、五、六、七、八、九代替。

（2）数位：个、拾、佰、仟、万、拾万、佰万、仟万、亿等。

2. 书写规则

（1）字体一般写正楷或行书。

（2）大写金额数字前未印有货币名称的，应当加填货币名称，金额数字与货币名称之间不得留有空白，以防窜改。

（3）大写金额满"拾"时，必须在"拾"字前写个"壹"字。如：11.00大写为：人民币壹拾壹元整。

（4）阿拉伯金额数字中间有"0"时，汉字大写金额要写"零"字；阿拉伯金额数字中间连续有几个"0"时，汉字大写金额中可以只写一个"零"字。如：￥60 003.50

大写为：人民币陆万零叁元伍角整。

（5）大写金额数字到元或者角为止的，在"元"或者"角"字之后应当写"整"字或"正"字；但大写金额数字有分的，分字后面不写"整"字或"正"字。如：¥60 003.55大写为：人民币陆万零叁元伍角伍分。

（6）填写凭证时写错或遗漏，不能涂改，要重新填写。

（7）在会计核算中，票据的出票日期必须使用中文大写。为防止变造票据的出票日期，在填写月、日时，月为壹、贰的，应在其前加"零"；日为拾壹至拾玖的，应在其前加"壹"。如：2月15日应写为零贰月壹拾伍日。

（二）阿拉伯数字

阿拉伯数字是世界上通用的数字，应用范围较广，会计核算中多在填写单、证、账册及记录计算结果时使用。阿拉伯数字的写法如下：

0、1、2、3、4、5、6、7、8、9

1. 总体书写规则

（1）先上后下，先左后右，沿横格底线向左下倾斜，约成60度夹角，高度占格高的1/2左右。不能潦草，不能似是而非，要一个一个地写，不能连笔。除4和5外，其他数字均要一笔写成，有圆的必须封口。

（2）阿拉伯金额数字前面应当书写货币币种或者货币名称简写和币种符号。金额货币符号与阿拉伯金额数字之间不得留有空白。阿拉伯金额数字前写有币种符号的，阿拉伯金额数字后面不再写货币单位。

（3）一组数字书写时，字形要一致，字距要等同，左右位置居中，除7和9可伸入下格的1/4外，其余数字均要落笔于底线上。

（4）所有以元为单位的阿拉伯金额数字，除表示单价等情况外，一律填写到角分；无角无分的，角位和分位可写"00"，或者符号"—"；有角无分的，分位应当写"0"，不得用符号"—"代替。

（5）为了方便看数，整数部分从个位起向左每隔三位空1/4字符，个位和拾分位之间的数字下面应标明小数点"."。如：人民币陆万零叁元伍角整，小写为：¥60 003.50。

（6）写错数字需要改正时，要用红笔将整个数字从中划一单红线，以示注销，再用蓝黑墨水或碳素墨水的钢笔在数字的正上方写上正确的数字，并在旁边加盖经办人私章，以明确责任。如：将金额数字5186.75误写成5168.75，正确的更正方法如下：

5186.75

~~5168.75~~ 　| 私　章 |

2. 各个数字书写的基本规则

"0"字不要写小了，并要闭合，以免改做9，连续写几个0时，不要写连接线。

"1"字不能写得比其他数字短，以防窜改。

"2"字不能写成"Z"，以免改做3。

"3"字要使起笔处至转弯处距离稍长，不应太短，且转弯处要光滑，使其不易误为5。

"4"字的折划不得圆滑，使其不易改作6。

"5"字的短横与"秤钩"必须明显，切不可拖泥带水，以防与8混淆。

"6"字起笔要伸至上半格四分之一处，下圈要明显，使其不易改作4与8。

"7"字上端一横既要明显，又要平直，折划不得圆滑，以与1和9明显区别开来。

"8"字注意上下两圈明显可见，且上圈稍小。

"9"字的小圈儿不要留间隙，下伸至下格四分之一处，以免与4混淆。

在会计核算中，票据和结算凭证的金额应以中文大写和阿拉伯数字同时记录，二者必须一致，二者不一致的票据无效，二者不一致的结算凭证银行不受理。

【文字书写规范】

会计核算中文字书写规范主要从以下三个方面把握：

1. 字体

汉字字体种类繁多，会计核算中究竟采用哪种字体好，并无定数。但是，为了保持账务处理的整洁、美观，易于辨认，一般多选用扁魏体、正楷体或行书体。初学者可以去书店选择字体娟秀的字帖，反复练习，掌握其要领。

2. 字形

要使字形在结构上比较完美，基本上要合乎以下规则：

（1）平衡。字形笔划的配置应力求左右平衡重心居中；上下相同部首组合的字或上下对称的独体字，应上紧下松，使之平稳。

（2）布白均匀。笔划间的空白部分叫布白，笔划间或部首间的组合布白应均匀。

（3）参差有变。字体的笔划不能机械搭配，应使部首有机构架，主要表现在部首间笔划能交错者应互相穿插避让，重复的笔划应有所变化。

3. 字位

所谓字位，就是指每个字在凭证、账页、表册每行格中的位置。根据会计核算的实际需要和记账规则，在账务处理中发生差错需要更正时，要用划线更正法，若文字书写过大，更改便没有位置；书写过小，则又难以辨认。所以，通常汉字占格高的1/2左右为佳，并落笔在底线上。

摘要中的文字既要少而精，又要能准确表达经济业务的基本内容；会计科目中的文字要符合会计制度的规定。写会计科目名称或写会计科目名称和编号，不能只写会计科目编号而不写会计科目名称。总账科目要写全称，不能简写；明细科目则要精简。

【实训要求】

（一）请将下列小写金额数字写成大写金额数字

1.￥58269.40   2.￥65432.87

3.￥50000230.05   4.￥640250.00

（二）请将下列大写金额数字写成小写金额数字

1. 人民币肆拾捌万柒仟玖佰元整
2. 人民币伍拾伍亿零叁元四角整
3. 人民币玖万捌仟陆佰肆拾伍元叁角壹分
4. 人民币陆元零叁分

（三）请按照会计核算书写规范填列下列凭证

中国工商银行 （湘） 转账支票存根

B/0 G/2 00930328

科　　目 ＿＿＿＿＿
对方科目 ＿＿＿＿＿
出票日期　　年　月　日

收款人：
金　额：
用　途：

单位主管　　　会计

中国工商银行 转账支票 （湘）　株洲 B/0 G/2 00930328

本支票付款期限十天

出票日期（大写）　年　月　日　　付款行名称：
收款人：　　　　　　　　　　　出票人账号：

人民币（大写）　　　　　　　亿千百十万千百十元角分

用途＿＿＿＿　　　　　科目（借）＿＿＿＿＿
上列款项请从　　　　　对方科目（贷）＿＿＿
我账户内支付　　　　　转账日期　　年　月　日
出票人签章　　　　　　复核　　　记账

湖南省企业单位统一收据
年　月　日

No. 7502829

交款单位＿＿＿＿＿＿＿＿＿＿＿＿＿＿＿＿＿＿＿＿＿＿＿＿＿＿
人民币（大写）＿＿＿＿＿＿＿＿＿＿＿＿＿＿＿＿　￥＿＿＿＿＿
系付＿＿＿＿＿＿＿＿＿＿＿＿＿＿＿＿＿＿＿＿＿＿＿＿＿＿＿＿
收款单位（未盖章无效）财务＿＿＿＿＿＿＿＿＿＿　经手人＿＿＿＿＿

湖南省公路运输公司
发票联
No：523475

付款单位：　　　　　　　　年　月　日

货物名称	计量单位	数量	费用项目	费率	金　额						
					万	千	百	十	元	角	分
合　计	（大写）										

复核：　　　　　　　　制单：

实训二　原始凭证的填制与审核实训

【实训目的】

通过实训使学生明确原始凭证应具备的基本要素，熟悉原始凭证的填制规范、原始凭证的审核与更正技术。

【实训操作规范】

(一) 原始凭证的填制规范

1. 原始凭证填制的基本要求

(1) 真实可靠。即如实填列经济业务内容和数字，不弄虚作假，不得涂改、挖补。

(2) 内容完整。即应该填写的项目要逐项填写（接受凭证方应注意逐项验明），不可缺漏，尤其需要注意的是，年、月、日要按照填制原始凭证的实际日期填写；名称要写全不能简化；品名或用途要填写明确，不能含糊不清；有关经办业务人员的签章必须齐全。

(3) 填制及时。即每当一项经济业务发生或完成，都要立即填制原始凭证，做到不积压、不误时、不事后补制。

(4) 书写清楚。原始凭证上的数字和文字，要认真填写，做到字迹清晰、整齐和规范，易于辨认。不得使用未经国务院公布的简化汉字。一旦出现书写错误，不得随意涂改、刮擦、挖补，应按规定办法更改。有关货币资金收付的原始凭证，如果填写错误，不允许在凭证上进行更改，只能加盖"作废"戳记，重新填写，以免错收错付。

(5) 顺序使用。即收付款项或实物的凭证要顺序或分类编号，在填制时按照编号的次序使用，跳号的凭证应加盖"作废"戳记，不得撕毁。

2. 原始凭证填制的附加要求

(1) 从外单位取得的原始凭证，必须盖有填制单位的发票专用章或财务专用章；从个人取得的原始凭证，必须有填制人员的签名或者盖章。自制原始凭证必须有经办部门负责人或其指定的人员的签名或者盖章；对外开具的原始凭证必须加盖本单位具有法律效力和规定用途的公章，如业务公章、财务专用章、发票专用章、收款专用章等。

(2) 凡填有大写和小写金额的原始凭证，大写与小写的金额必须相符，符合书写规范。

(3) 购买实物的原始凭证，必须有验收证明。实物购入以后，要按照规定办理验收手续，这有利于明确经济责任，保证账实相符，防止盲目采购，避免物资短缺和流失，会计人员通过对有关原始凭证进行监督检查。需要入库的实物，必须填写入库验收单，由仓库保管人员在入库验收单上如实填写实收数额，并签名或盖章。不需要入库的实物，由经办人员在凭证上签名或盖章以后，必须交由实物保管人员或使用人员进行验收，并由实物保管人员或使用人员在凭证上签名或盖章。经过购买人以外的第三者查证

核实以后，会计人员才能据以报销付款并做进一步的会计处理。

（4）一式几联的原始凭证，必须用双面复写纸套写或本身就具备复写功能；必须注明各联的用途，并且只能以一联用作报销凭证；必须连续编号，作废时应加盖"作废"戳记，连同存根一起保存。

（5）发生销货退回及退还货款时，必须填制退货发票，并且附有退货验收证明和对方单位的收款收据，不得以退货发票代替对方的收据。如果情况特殊，可先用银行的有关凭证，如汇款回单等，作为临时收据，待收到收款单位的收款证明以后，再将其附在原付款凭证之后，作为正式原始凭证。

（6）职工因公出差借款应填写正式收据，附在记账凭证之后。职工借款时，应由本人填制借款单，经审核并签名或盖章，然后办理借款。借款收据是此项借款业务的原始凭证，在收回借款时，应当另开收据或者退还借款收据的副本，不得退还原借款收据。

（7）经上级有关部门批准的经济业务，应当将批准文件作为原始凭证附件。如果批准文件需要单独归档的，应当在凭证上注明批准机关名称、日期和文件字号。

（8）各种收付款项的原始凭证应由出纳人员签名或盖章，并且分别加盖"现金收讫"、"现金付讫"、"银行收讫"、"银行付讫"印章。

（二）原始凭证的审核与更正技术

1. 原始凭证的审核

《会计法》规定，会计机构、会计人员必须审核原始凭证，这是法定职责。会计机构、会计人员审核原始凭证时，应当按照原始凭证的填制要求进行，即审核原始凭证的填制是否及时，内容是否真实完整，书写是否清楚规范，项目是否填写齐全，经济内容填制是否正确、完整、清晰，数字的填写是否规范，计算是否准确，大小写金额是否一致等，有无涂改、刮擦、挖补等伪造凭证的情况，还要审核有关部门人员是否签章等。

会计机构、会计人员对不真实、不合法的原始凭证有权不予受理，并向单位负责人报告，请求查明原因，追究有关当事人的责任；对记载不准确、不完整的原始凭证应予以退回并要求经办人员按照国家统一的会计制度的规定进行更正、补充。

对手续不全、编号不符合要求或者计算有错误的，应向经办业务人员说明情况，让其补办手续或者改正。

对违反制度和法令的一切收支，会计人员有权拒绝付款，拒绝报销或拒绝执行，并向本单位领导报告。

对伪造凭证、涂改凭证和虚报冒领等不法行为，会计人员应扣留原始凭证，向领导提出书面报告，请求严肃处理。

2. 原始凭证的错误更正

为了规范原始凭证的内容，明确相关人员的经济责任，防止利用原始凭证进行舞弊，《会计法》对原始凭证错误更正做了规定，其内容包括：

（1）原始凭证所记载的各项内容均不得涂改，随意涂改原始凭证即为无效凭证，不能作为填制记账凭证或登记会计账簿的依据。

（2）原始凭证记载的内容有错误的，应当由开具单位重开或更正。更正工作必须由

出具原始凭证的单位进行，并在更正处加盖出具单位印章；重新开具原始凭证当然也应当由开具原始凭证的单位进行。

（3）原始凭证金额出现错误的不得更正，只能由开具原始凭证的单位重新开具。因为，原始凭证上的金额是反映经济业务事项情况的最重要数据，如果允许随意更改，容易产生舞弊，不利于保证原始凭证的质量。

（4）原始凭证开具单位应当依法开具准确无误的原始凭证，对于填制有误的原始凭证，负有更正和重新开具的法律义务，不得拒绝。

【实训资料】

（一）实训企业概况

企业名称：星城兰波旺公司

注册资本：50 万元

性质：有限责任公司

法人代表：方进宏

财务负责人：朱柱

会计：张林

出纳：王利

备注：本公司为地税局发票代开单位

国税局税务登记类型：一般纳税务人企业　税务登记号：430181010263034

公司地址：星城市时代路 128 号　　　电话号码：0731－62278779

基本开户银行：中国工商银行星城市前进办事处，简称前办。

账号：98704614722243115839

（二）星城兰波旺公司 2010 年 12 月份发生以下经济业务

1. 12 月 1 日，从银行提取现金 600 元备用。

2.12 月 2 日，从大华工厂（开户行：中国建设银行浏阳支行，账号：300100234565478，地址电话：浏阳市开元路 56 号，纳税人识别号：430104199201428）购入甲材料 6 000 千克，单价 5 元，发票注明的原材料价款 30 000 元，增值税额 5 100 元，材料验收入库，货款及税款以转账支票支付。

中国工商银行 （湘） 转账支票存根 $\frac{B}{0}\frac{G}{2}$00930330 科　目 ＿＿＿＿＿ 对方科目 ＿＿＿＿ 出票日期　年　月　日 收款人： 金　额： 用　途： 单位主管　　会计	🔲 中国工商银行 转账支票 （湘）　株洲 $\frac{B}{0}\frac{G}{2}$00930330

中国工商银行 转账支票 （湘）　株洲 $\frac{B}{0}\frac{G}{2}$00930330

本支票付款期限十天

出票日期（大写）　　年　月　日　　付款行名称：
收款人：　　　　　　　　　　　　出票人账号：
人民币（大写）　　　　　　　　　亿千百十万千百十元角分
用途＿＿＿＿　　　　　　　科目（借）＿＿＿＿＿
上列款项请从　　　　　　　对方科目（贷）＿＿＿＿
我账户内支付　　　　　　　转账日期　年　月　日
出票人签章　　　　　　　　复核　　记账

湖南省增值税专用发票

43000452021　　　发票联　　　No 00065854

购货单位	名　　称： 纳税人识别号： 地址、电话： 开户行及账号：	密码区	2489−1＜9−7−61896284　加密版本：01 8＜032/52＞9/29533−4974 1626＜8−3024＞82906−2　43000204521 −47−6＜7＞2* −/＞* ＞6　00017654			
	货物或应税劳务名称	计量单位	数量	单价	金额	税率	税额
	价税合计（大写）				（小写）		
销货单位	名　　称： 纳税人识别号： 地址、电话： 开户行及账号：	备注					

收款人：　　　　复核：　　　　开票人：　　　　销货单位：（章）

第二联：发票联　购货单位记账凭证

收 料 单

供应单位：　　　　　　　　　　　　　　　　　　　　编号：1010

发票号码：　　　　　　　　　年 月 日　　　　　　　仓库：一仓库

规格	材料名称	编号	数　量		实际价格（元）															
			应收	实收	单位	单价	发票金额	运杂费	合　计											
									千	百	十	万	千	百	十	元	角	分		
备注		验收人盖章					合计													

采购员　　　　　　检验员　　　　　　记账员　　　　　　保管员

第二联：会计部门

3.12 月 2 日，采购员刘志林出差归来，报销差旅费 880 元，收回现金 120 元。

收 据

年 月 日　　　　　　　　　　　　　　　第 号

今收到										
			十	万	千	百	十	元	角	分
人民币（大写）：										
事由：		现金收讫								
收款单位		财务负责人			收款人					

第三联：收据

差 旅 费 报 销 单

单位名称：　　　　　　　填报日期　年　月　日　　　　　　　　单位：元

姓名		职级		出差事由		出差时间		计划　　天		备注
								实际　　天		

日期		起 止 地 点		飞机、车、船票		其 他 费 用				
月	日	起	止	类别	金额	项目		标准	计算天数	核报金额
11	28	星城	深圳	火车	228.00	住宿费	包干报销	70	4	280.00
12	2	深圳	星城	火车	228.00		限额报销			
						伙食补助费				
						车、船补助费				
						其他杂支		144		144.00
		小　计			456.00	小　计				424.00

总计金额（大写）	万 仟 佰 拾 元 角 分	预支＿＿＿＿核销＿＿＿＿退补＿＿＿＿

主管：　　　　　部门：　　　　　审核：　　　　　填报人：

4.12月3日，上月采购的乙材料1 000千克，验收入库，按实际采购成本10 000元入账（供货单位：长恒股份有限公司，发票号码：00023121）。

收 料 单

供应单位：　　　　　　　　　　　　　　　　　　　　编号：1010

发票号码：　　　　　　　年　月　日　　　　　　　仓库：二仓库

规格	材料名称	编号	数　量		实际价格（元）														
			应收	实收	单位	单价	发票金额	运杂费	合　　计										
									千	百	十	万	千	百	十	元	角	分	
备注		验收人盖章						合计											

采购员　　　　　检验员　　　　　记账员　　　　　保管员

第二联：会计部门

5.12月3日，销售A产品1 000件，单价32元，B产品500件，单价48元给西安人和有限公司（开户行：中国工商银行平安支行营业部，账号：554732403585435，地址、电话：安平路87号 0376－5238648，纳税人识别号：431585662478360），另签发现金支票一张代垫运杂费（西安铁路局）200元，收到银行汇票，填进账单。

中国工商银行进账单（收账通知）

年 月 日　　　　　第 号

收款人	全　称		付款人	全　称	
	账　号			账　号	
	开户银行			开户银行	

人民币（大写）		百	十	万	千	百	十	元	角	分
票据种类										
票据张数										
单位主管　　会计　　复核　　记账										

收款人开户银行盖章
年 月 日

此联是银行交收款人的收账通知

湖南省增值税专用发票

43000452021　　记 账 联　　No 00035646

年 月 日

购货单位	名　称：		密码区	2489-1<9-7-61896284　加密版本：01 8<032/52>9/29533-4974 1626<8-3024>82906-2　43000204521 -47-6<7>2*-/>`>6　00017654	
	纳税人识别号：				
	地址、电话：				
	开户行及账号：				

货物或应税劳务名称	计量单位	数量	单价	金额	税率	税额
价税合计（大写）				（小写）		

销货单位	名　称：		备注	
	纳税人识别号：			
	地址、电话：			
	开户行及账号：			

收款人：　　　复核：　　　开票人：　　　销货单位：（章）

第三联：记账联　销货单位记账凭证

产 品 出 库 单

购货单位：　　　　　　　　　　　　　　　　　　　　　编号：1201

发票号码：　　　　　　　　　　年　月　日　　　　　　仓库：三仓库

规格	材料名称	编号	数量		实际成本（元）											
			应发	实发	单位	单价	合　　计									
							千	百	十	万	千	百	十	元	角	分
备注			发货人盖章				合计										

主管：　　　　　保管员：　　　　　检验员：　　　　　记账员：

（第二联：会计部门）

付款期限 壹个月

中 国 工 商 银 行
银 行 汇 票（解讫通知）3

Ⅲ Ⅺ 00448978

第 号

出票日期（大写） 贰零壹零年壹拾贰月零叁日

代理付款行：中国工商银行平安分行
行号：410

收款人：星城兰波旺公司	账号：9870461472243115839

出票金额　人民币（大写）陆万陆仟元整

实际结算金额	人民币（大写）陆万伍仟柒佰贰拾元整	千	百	十	万	千	百	十	元	角	分
				￥	6	5	7	2	0	0	0

申请人：西安人和有限公司　　账号或地址：061466385245700

出票行：工商银行平安营业部

行　号：

备　注：货款及运费

凭票付款

出票行签章

多余金额	科目（借）
	对方科目（贷）
	兑付日期 2010 转讫 12 月 3 日

千	百	十	万	千	百	十	元	角	分	复核	记账
			￥	2	8	0	0	0			

此联由出票代理行作付款行兑付后随单寄出票行，由出票行多余款贷方凭证随单寄出票行，

中国工商银行
现金支票存根 （湘）

$\dfrac{B}{0}\dfrac{G}{2}$10255057

科　目 _____
对方科目 _____
出票日期　　年　月　日

收款人：
金　额：
用　途：

单位主管　　会计

中国工商银行 现金支票 （湘）

株洲 $\dfrac{B}{0}\dfrac{G}{2}$10255057

出票日期（大写）　　年　月　日　　付款行名称：

本支票付款期限十天

收款人：　　　　　　　　　　　　　　　　出票人账号：

人民币（大写）　　　　　　亿 千 百 十 万 千 百 十 元 角 分

用途：
上列款项请从
我账户内支付
出票人签章

科目（借）_____
对方科目（贷）_____
付讫日期　年　月　日
出纳　复核　记账

贴对号单处 $\dfrac{B}{0}\dfrac{G}{2}$10255057

付款期限
壹个月

中国工商银行
银行汇票（收款通知）2

Ⅲ Ⅺ 00448978
第　号

出票日期（大写）　贰零壹零年壹拾贰月零叁日

代理付款行：中国工商银行平安分行
行号：410

收款人：星城兰波旺公司　　　账号：9870461472243115839

出票金额　人民币（大写）陆万陆仟元整

实际结算金额 人民币（大写）陆万伍仟柒佰贰拾元整	千	百	十	万	千	百	十	元	角	分
			¥	6	5	7	2	0	0	0

申请人：西安平安有限公司　　　账号或地址：061466385245700

出票行：工商银行平安营业部行号

备　注：货款及运费

出票行签章

多余金额

千	百	十	万	千	百	十	元	角	分
				¥	2	8	0	0	0

科目（借）
左列退回多余金额已收入你账户内。
2010年 12月 3日
财务主管　复核　经办

此联出票行交收款行作收款凭证

6.12 月 3 日，仓库发出材料：生产 A 产品领用甲材料 2 000 千克，实际成本为 10 000元，领用乙材料 1 000 千克，实际成本为 10 000 元，生产 B 产品领用甲材料 1 500千克，实际成本为 7500 元，领用乙材料 800 千克，实际成本为 8 000 元，车间一般耗用丙材料 100 千克，计 3 200 元；行政管理部门领用丙材料 150 千克，实际成本 4 800元。

星城兰波旺公司发出材料汇总表

年　月　日　　　　　　　　　　　　　　　　　　单位：元

领料部门及用途		甲材料			乙材料			丙材料			合计
		数量	单价	金额	数量	单价	金额	数量	单价	金额	
基本生产	A 产品										
	B 产品										
车间耗用											
管理部门											
销售部门											
合计											

会计主管：　　　　记账：　　　　保管：　　　　制表：

7.12 月 5 日，收到大明公司（开户行：中国工商银行雨花路支行，账号：9870228203282034，地址、电话：星城市雨花路 654 号，0731－4456821，纳税人识别号：430103912456845）前欠的货款 26 000 元，收到转账支票一张并转存银行。

中国工商银行 转账支票（湘）

出票日期（大写）贰零零肆年壹拾贰月零伍日
付款行名称：工行雨花支行
收款人：星城兰波旺公司
出票人账号：9870228203282034672

人民币（大写）	贰万陆仟元整	千	百	十	万	千	百	十	元	角	分
				2	6	0	0	0	0	0	0

用途：货款　　　　　　科目（借）
上列款项请从　　　　　对方科目（贷）
我账户内支付　　　　　付讫日期　年　月　日
出票人签章　　　　　　出纳　复核　记账

中国工商银行进账单（收账通知）

年　月　日　　　　　　　　　　　　　　第 002 号

收款人	全　　称		付款人	全　　称	
	账　　号			账　　号	
	开户银行			开户银行	

人民币（大写）		百	十	万	千	百	十	元	角	分
票据种类										
票据张数										
单位主管　　会计　　复核　　记账										

收款人开户银行盖章
年　转　日

此联是银行交收款人的收账通知

8.12 月 6 日，以银行存款向新新电脑公司（开户行：中国工商银行解放路支行，账号：5002001289，地址、电话：星城市解放路 338 号，0731－4652139，纳税人识别号：430421198801428）购入手提电脑设备一台，原值为 14 040 元（其中增值税 2 040 元），验收交付使用。

中国工商银行
转账支票存根 （湘）

$\frac{B}{0}\frac{G}{2}$00930331

科　　目 _____
对方科目 _____
出票日期　　年　月　日

收款人：	
金　额：	
用　途：	

单位主管　　　　会计

本支票付款期限十天

中国工商银行 转账支票 （湘）　株洲 $\frac{B}{0}\frac{G}{2}$00930331

出票日期（大写）　　年　月　日　　付款行名称：
收款人：　　　　　　　　　　　出票人账号：

人民币（大写）		亿	千	百	十	万	千	百	十	元	角	分

用途 _____　　　　　科目（借）_____
上列款项请从　　　　　对方科目（贷）_____
我账户内支付　　　　　转账日期　年　月　日
出票人签章　　　　　　复核　　　　记账

湖南省增值税专用发票

43000452021　　　　　发 票 联　　　　No 00085694

发票联
年国家税务局监制日

购货单位	名　　　称：				密码区	2489－1＜9－7－61896284　加密版本：01		第二联：发票联　购货单位记账凭证
	纳税人识别号：					8＜032/52＞9/29533－4974		
	地　址、电话：					1626＜8－3024＞82906－2　43000204521		
	开户行及账号：					－47－6＜7＞2*－/＞*＞6　00017654		
货物或应税劳务名称	计量单位	数量	单价	金额	税率	税额	
价税合计（大写）							
销货单位	名　　　称：			备注			
	纳税人识别号：						
	地　址、电话：						
	开户行及账号：						

收款人：　　　　复核：　　　　开票人：　　　　销货单位：（章）

发票专用章

固定资产验收单

供货单位：　　　　　　　　　　　　　　　　　　　　　　编号：

发票号码：　　　　　　　　年　月　日

材料编号	材料名称	规格	计量单位	数　量		实际价格				备注
				应收	实收	单价	发票金额	运杂费用	合计	
质量检验记录	制造日期		合格证号	技术条件		质量状况			检查结论	

采购员：　　　　　检验员：　　　　　记账员：　　　　　使用部门：

9.12 月 6 日，开出银行转账支票将提取的工会经费拨交工会。

中国工商银行	转账支票存根 (湘)		中国工商银行 转账支票 (湘)		株洲 $\frac{B}{0}\frac{G}{2}$00930301

中国工商银行
转账支票存根 （湘）

$\frac{B}{0}\frac{G}{2}$00930301

科　　目 ＿＿＿＿＿＿
对方科目 ＿＿＿＿＿＿
出票日期　　年　月　日

收款人：
金　额：
用　途：

单位主管　　会计

中国工商银行 转账支票 （湘）　株洲 $\frac{B}{0}\frac{G}{2}$00930301

本支票付款期限十天

出票日期（大写）　　年　月　日　　付款行名称：
收款人：　　　　　　　　　　　　出票人账号：

人民币（大写）　　　　　　　　　亿千百十万千百十元角分

用途＿＿＿＿＿　　　科目（借）＿＿＿＿＿
上列款项请从　　　　对方科目（贷）＿＿＿＿
我账户内支付　　　　转账日期　年　月　日
出票人签章　　　　　复核　　记账

10.12 月 7 日，接银行通知长新股份公司（开户行：中国农业银行雁城市华府路支行，账号：5001006765，地址电话：雁城市华府路 469 号，0734－4485623）还来货款24 000 元，存入银行。

中国工商银行信汇凭证（收账通知）1

委托日期：　　年　月　日　　　　　第 002457 号

收款人	全　称		付款人	全　称		百	十	万	千	百	十	元	角	分
	账　号			账　号										
	开户银行			开户银行										
人民币（大写）														
票据种类														
票据张数														
单位主管　　会计　　复核　　记账														

此联是银行交收款人的收账通知

收款人开户银行盖章
年　　月　　日

11.12月7日，上缴上月应交税费（其中应缴增值税7 680元，应缴城市维护建设税4 200元，所得税12 000元）。

中华人民共和国　　地税　地
税收通用缴款书

隶属关系：　　　　　　　　　　　　　　　　　　　　　　　　No0000056321
经济类型：　　　　　　　　　填发日期：　年　月　日　　收入机关：星城地税局

缴款单位（人）	代　码		预算科目	款	
	全　称			项	
	开户银行			级次	
	账　号		收款国库	交通银行车站办	

税款所属时期：　年　月　日—　年　月　日　　税款限缴日期：　年　月　日

品目名称	课税数量	计税金额或销售收入	税率或单位税额	已缴或扣除额	实缴税额									
					千	百	十	万	千	百	十	元	角	分
金额合计（大写）⊗拾　万　仟　佰　拾　元　角　分														

缴款单位（人）（盖章）　　税务机关（盖章）　上列款项已收妥并划转收款单位账户
经办人（专章）　　　　　填票人（盖章）　　国库（银行）盖章　年　月　日　　备注

中华人民共和国　　地税　地
税收通用缴款书

隶属关系：　　　　　　　　　　　　　　　　　　　　　　　　No0000056322
经济类型：　　　　　　　　　填发日期：　年　月　日　　收入机关：星城地税局

缴款单位（人）	代　码		预算科目	款	
	全　称			项	
	开户银行			级次	
	账　号		收款国库	交通银行车站办	

税款所属时期：　年　月　日—　年　月　日　　税款限缴日期：　年　月　日

品目名称	课税数量	计税金额或销售收入	税率或单位税额	已缴或扣除额	实缴税额									
					千	百	十	万	千	百	十	元	角	分
金额合计（大写）⊗拾　万　仟　佰　拾　元　角　分														

缴款单位（人）（盖章）　　税务机关（盖章）　上列款项已收妥并划转收款单位账户
经办人（专章）　　　　　填票人（盖章）　　国库（银行）盖章　年　月　日　　备注

中华人民共和国　　国税

税收通用缴款书

国

No0000082357

隶属关系：

经济类型：　　　　　　填发日期：　年　月　日　　收入机关：星城国税局

缴款单位（人）	代码		预算科目	款	
	全称			项	
	开户银行			级次	
	账号		收款国库	交通银行车站办	

税款所属时期：　年　月　日——　年　月　日　　税款限缴日期：　年　月　日

品目名称	课税数量	计税金额或销售收入	税率或单位税额	已缴或扣除额	实缴税额									
					千	百	十	万	千	百	十	元	角	分

金额合计（大写）⊗拾 万 仟 佰 拾 元 角 分		
缴款单位（人）（盖章）经办人（章）	税务机关（盖章）填票人（盖章）	上列款项已收妥并划转收款单位账户 国库（银行）盖章 年 月 日	备注

12.12 月 11 日，填制信汇委托书，汇出货款 20 000 元，归还正大工厂的货款（开户行：株洲市农业银行南方路支行，账号：600100447865352）。

中国农业银行信汇凭证（收账通知）1

委托日期：　年　月　日　　　　第002457号

收款人	全称		付款人	全　称	
	账号或地址			账　号	
	开户银行			开户银行	

人民币（大写）		百	十	万	千	百	十	元	角	分
票据种类										
票据张数				收款人开户银行盖章 年 月 日						
单位主管　　会计　　复核　　记账										

此联是银行交收款人的收账通知

13.12 月 12 日，厂办王明宇出差开会向财务科借现金 500 元。

借　据

年　月　日　　　　　　　　　　　　　　　　　　　借字　1 号

今借人民币（大写）　_____	
借　款　原　因　_____	
部　门　意　见　_____	
主管批准意见　_____	

批准人（签章）　　　　　　　借款人（签章）

14.12 月 12 日，总务科报账，报销零星办公用品费 690 元，以现金补足定额备用金。

星城商业零售企业统一发票

№01423254

发　票　联　　　　　　　　　2010 年 12 月 12 日

客户：

货号	品　名	规格	单位	数量	单价	金额					备注
						百	十	元	角	分	
	复印纸	A4	箱	2	240.00	4	8	0	0	0	
						4	8	0	0	0	

合计金额（大写）　肆佰捌拾零元零角零分　　¥480.-

发票专用章（未盖章无效）：　　开票人：张立　　　　收款人：陈洁

星城商业零售企业统一发票
No 01423256

2010 年 12 月 12 日

客户：

货号	品　　名	规格	单位	数量	单价	金额					备注
						百	十	元	角	分	
	钢笔		支	5	14		7	0	0	0	
	圆珠笔		支	10	6		6	0	0	0	
	笔记本		本	20	4		8	0	0	0	
						2	1	0	0	0	

合计金额（大写） 贰佰壹拾元零角零分　　¥ 210.-

发票专用章（未盖章无效） 开票人：张立　　收款人：陈浩

兰波旺公司现金付讫凭单
年　月　日　　　　　　第　号

付款内容		现金付讫
金额（大写）		
备注：		

会计主管：　　复核：　　批准部门：　　收款人：

15. 12 月 13 日，报销职工医药费 120 元，以现金支付。

兰波旺公司现金付讫凭单
年　月　日　　　　　　第　号

付款内容		现金付讫
金额（大写）		
备注：		

会计主管：　　复核：　　批准部门：　　收款人：

星城市第一医院门诊发票

发票联　　门诊三

0243954
票据监制章

姓名：王伟

第二联　报销凭证

西　药	85.00	材料费	20.00
中成药		治疗费	
中草药		B超	
常规检查		CT	
核磁		化验费	15.00
手术费		留观费	
输氧费		MRI	
高压氧		ECT	
输血费		自费	
合计	※仟壹佰贰拾零元零角零分		

收费单位公章　　　　　　收费员：陈力

16.12 月 15 日，向本市永宏公司（开户行：工行五一路分行，账号：722403823628201，地址、电话：五一路 18 号 4632510，纳税人识别号：000181027010132）销售 A 产品 1000 件，单价 32 元，增值税率 17%，货款及税款收到转账支票，存入银行。

湖南省增值税专用发票

43000452021 <u>记 账 联</u> No 00087254

购货单位	名　　　称：		密码区	2489−1<9−7−61896284　加密版本：01
	纳税人识别号：			8<032/52>9/29533−4974
	地址、电话：			1626<8−3024>82906−2　43000204521
	开户行及账号：			−47−6<7>2*−/>*>6　00017654

货物或应税劳务名称	计量单位	数量	单价	金额	税率	税额
价税合计（大写）				（小写）		

销货单位	名　　　称：		备注	
	纳税人识别号：			
	地址、电话：			发票专用章
	开户行及账号：			

收款人：　　　　复核：　　　　开票人：　　　　销货单位：（章）

第三联：记账联　销货单位记账凭证

中国工商银行进账单 （收账通知）

年　月　日　　　　　　　　　　　　　　　　第 002 号

收款人	全　称		付款人	全　称	
	账　号			账　号	
	开户银行			开户银行	

人民币（大写）		百	十	万	千	百	十	元	角	分

票据种类		转讫
票据张数		收款人开户银行盖章
		年　月　日

单位主管　　会计　　复核　　记账

此联是银行交收款人的收账通知

17. 12 月 15 日，从明光公司（开户行：中国工商银行娄底市支行，账号：654500200768952，地址、电话：娄底市竹风路 897 号，0738－7854635，纳税人识别号：431108300100234）购进乙材料 4 000 千克，单价 9.9 元，货款计 39 600 元，运费为 400 元，增值税额为 6 732 元，材料按实际成本转账，货款未付。

湖南省增值税专用发票

43000452021　　记 账 联　　No 00015641

年国家税务局监制月日

| 购货单位 | 名　　称：
纳税人识别号：
地址、电话：
开户行及账号： | | 密码区 | 2489－1<9－7－61896284　加密版本：01
8<032/52>9/29533－4974
1626<8－3024>82906－2　43000204521
－47－6<7>2*－/>*>6　00017654 |

货物或应税劳务名称	计量单位	数量	单价	金额	税率	税额
价税合计（大写）				（小写）		

| 销货单位 | 名　　称：
纳税人识别号：
地址、电话：
开户行及账号： | | 备注 | |

收款人：　　复核：　　开票人：　　销货单位：（章）

娄底市明光公司 发票专用章

第二联：发票联　购货单位记账凭证

收 料 单

供应单位：　　　　　　　　　　　　编号：1011
发票号码：　　　　　　年 月 日　　仓库：一仓库

规格	材料名称	编号	数量		实际价格（元）				合　计									
			应收	实收	单位	单价	发票金额	运杂费	千	百	十	万	千	百	十	元	角	分
备注		验收人盖章					合计											

采购员　　　检验员　　　记账员　　　保管员

第二联：会计部门

湖南省公路运费发票

发货单位：娄底市明光公司　　　2010 年 12 月 15 日　　　　　No 005674

发　站	娄底站			到　站	星城站
货物名称	件　数	包　装	重　量		计费重量
乙材料			4 000 千克		4 000 千克
类　别	费　率	数　量	金　额		附　注
运费		4 000 千克	400.00		
合计金额（大写）：肆佰元整			￥400.00		
收货单位：星城兰波旺公司		经办人：安宁			

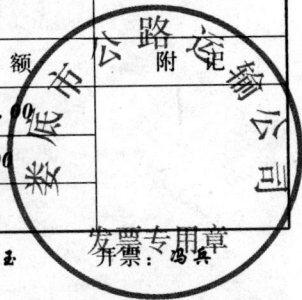

收款单位盖章（未盖章无效）　　　会计：周新　　　复核：李玉　　　开票：冯兵

18. 12 月 15 日，采购员王军刚出差归来，报销差旅费 460 元，以现金 60 元，结清原借支。

差 旅 费 报 销 单

单位名称：　　　　　　　填报日期　年　月　日　　　　　　　　　　单位：元

姓名		职级		出差事由		出差时间	计划　天		备注
							实际　天		
日期	起 止 地 点		飞机、车、船票		其 他 费 用				
月	日	起	止	类别	金额	项目	标准	计算天数	核报金额
11	30	星城	雁城	汽车	50.00	包干报销	30	10	300.00
12	11	雁城	星城	汽车	50.00	限额报销			
						伙食补助费			
						车、船补助费			
						其他杂支	60		60
小　计					100.00	小　计			360.00
总计金额（大写）		万 仟 佰 拾 元 角 分				预支＿＿＿＿　核销＿＿＿＿　退补＿＿＿＿			

主管：　　　　　部门：　　　　　审核：　　　　　填报人：

兰波旺公司现金付讫凭单

年 月 日 第 号

付款内容		现金付讫
金额（大写）		
备注：		

会计主管： 复核： 批准部门： 收款人：

19.12 月 16 日，签发现金支票一份，提取现金 500 元备用。

中国工商银行 现金支票存根 （湘）

B/0 G/2 10255058

科　目 ＿＿＿＿
对方科目 ＿＿＿＿
出票日期　年 月 日

收款人：
金　额：
用　途：

单位主管　会计

中国工商银行 现金支票 （湘） 株洲 B/0 G/2 10255058

出票日期（大写）　年 月 日　付款行名称：
收款人：　出票人账号：
人民币（大写）　亿千百十万千百十元角分
用途＿＿＿　科目（借）＿＿＿
上列款项请从　对方科目（贷）＿＿＿
我账户内支付　付讫日期 年 月 日
出票人签章　出纳 复核 记账

贴对号单处 B/0 G/2 10255058

20.12 月 17 日，签发支票支付星城华美修理厂汽车修理费 7 000 元，其中用于车间修理的费用 4 500 元，用于行政管理部门修理的费用 2 500 元。

中国工商银行 转账支票存根 （湘）

B/0 G/2 00930302

科　目 ＿＿＿＿
对方科目 ＿＿＿＿
出票日期　年 月 日

收款人：
金　额：
用　途：

单位主管　会计

中国工商银行 转账支票 （湘） 株洲 B/0 G/2 00930302

出票日期（大写）　年 月 日　付款行名称：
收款人：　出票人账号：
人民币（大写）　亿千百十万千百十元角分
用途　科目（借）＿＿＿
上列款项请从　对方科目（贷）＿＿＿
我账户内支付　转账日期 年 月 日
出票人签章　复核 记账

费用分配表

年 月 日

部 门	修理费	合 计	备 注
生产车间	4 500.00	4 500.00	
行政管理部门	2 500.00	2 500.00	
合 计	7 000.00	7 000.00	

会计主管： 记账： 出纳： 制单：

湖南省星城修理修配发票

1430002043031

发 票 联

No 00001228

客户：星城兰波旺公司　　2010 年 12 月 17 日　　地址：时代路 128 号

工作单位		修理类别		车牌型号		入厂：	年 月 日
牌照号码		车 别		送修人		出厂：	年 月 日

计 费 项 目				金额						
				万	千	百	十	元	角	分
修理工时费附结算明细表	张 号					0	0	0	0	0
配件材料费附结算明细表	张 号									
配件、材料管理费附清单										
合 计				¥	7	0	0	0	0	0

合计金额（大写）	⊗万柒仟零佰零拾零元零角零分

开票人：宋　　　　　　　　　　收款单位章（未盖章无效）

③ 付款单位记账凭证

21.12 月 18 日，销售给长新公司 B 产品 1 000 件，单价 48 元，A 产 1 000 件，单价 32 元，增值税率 17％，货款及税款办理托收手续。

湖南省增值税专用发票

43000305128　　　　記 账 联　　　　No 00012356

开票日期：　　年　月　　日

购货单位	名　　　　称：				密码区	2489－1＜9－7－61896284　加密版本：01 8＜032/52＞9/29533－4974 1626＜8－3024＞82906－2　5100030512 －47－6＜7＞2*－/＞*＞6　00135612			第三联：记账联　销货方记账凭证
	纳税人识别号：								
	地址、电话：								
	开户行及账号：								
货物或应税劳务名称	计量单位	数量	单价	金额	税率	税额			
合　计									
价税合计（大写）				小写					
销货单位	名　　　　称：				备注				
	纳税人识别号：								
	地址、电话：								
	开户行及账号：								

收款人：　　　　复核：　　　　开票人：　　　　销货单位：（章）

中国工商银行托收承付凭证（回单）　1　第 0680152 号

委托日期　年　月　日

付款人	全　称			收款人	全　称										
	账　号				账　号										
	开户银行				开户银行						行号	7861			
托收金额	人民币（大写）					千	百	十	万	千	百	十	元	角	分
附件		商品发运情况				合同名称号码									
附 寄单证张数或册数		4													
备注				款项收妥日期											
				年　月　日		收款人开户银行盖章　月　日									

单位主管　　　　会计　　　　复核　　　　记账

产品出库单

购货单位：　　　　　　　　　　　　　　　　　　　编号：1204

发票号码：　　　　　　　　年 月 日　　　　　　　仓库：一仓库

规格	材料名称	编号	数量				实际成本（元）									
			应发	实发	单位	单价	合　　计									
							千	百	十	万	千	百	十	元	角	分
备注			发货人盖章				合计										

主管：　　　　保管员：　　　　检验员：　　　　记账员：

22.12 月 19 日，以银行存款支付行政管理部门办公费 340 元。

星城商业零售企业统一发票　№01423254

客户：

发统一票票监　2010 年 12 月 12 日　国家税务局监制

货号	品　名	规格	单位	数量	单价	金额					备注
						百	十	元	角	分	
	钢笔		支	5	20	1	0	0	0	0	
	圆珠笔		支	20	2		4	0	0	0	
	笔记本		本	20	10	2	0	0	0	0	
						3	4	0	0	0	

合计金额（大写）叁佰肆拾零元零角零分　　¥340.00

发票专用章（未盖章无效）：　　开票人：张立　　收款人：陈洁

中国工商银行 转账支票存根 （湘）	中国工商银行 转账支票 （湘）	株洲 $\frac{B}{0}$ $\frac{G}{2}$ 00930303

中国工商银行

转账支票存根 （湘）

$\frac{B}{0}$ $\frac{G}{2}$ 00930303

科　　目 _____

对方科目 _____

出票日期　年 月 日

收款人：

金　额：

用　途：

单位主管　　会计

中国工商银行 转账支票 （湘）　株洲 $\frac{B}{0}$ $\frac{G}{2}$ 00930303

出票日期（大写）　年 月 日　　付款行名称：

收款人：　　　　　　　　　　　出票人账号：

人民币（大写）　　　　　　亿千百十万千百十元角分

本支票付款期限十天

用途 _____

上列款项请从

我账户内支付

出票人签章

科目（借）_____

对方科目（贷）_____

转账日期　年 月 日

复核　　记账

23. 12 月 20 日，生产 A 产品领用甲材料 2 000 千克，实际成本 10 000 元，领用乙材料 1 000 千克，实际成本 10 000 元，车间一般耗用丙材料 100 千克，实际成本 3 200 元。

星城兰波旺公司发出材料汇总表

年　月　日　　　　　　　　　　　　　　　　　单位：元

领料部门 及用途		甲材料			乙材料			丙材料			合计
		数量	单价	金额	数量	单价	金额	数量	单价	金额	
基本 生产	A 产品										
	B 产品										
车间耗用											
管理部门											
销售部门											
合计											

会计主管：　　　　　记账：　　　　　保管：　　　　　制表：

24. 12 月 22 日，以银行存款支付星城市电视台的产品广告费 8 500 元。

| 中国工商银行　　　　（湘）
转账支票存根

$\frac{B}{0}\frac{G}{2}$00930304

科　　目 _____
对方科目 _____
出票日期　　年　月　日

收款人：
金　额：
用　途：

单位主管　　　会计 | 本支票付款期限十天 | 中国工商银行 转账支票（湘）　　株洲 $\frac{B}{0}\frac{G}{2}$00930304

出票日期（大写）　年　月　日　　付款行名称：
收款人：　　　　　　　　　　　　出票人账号：

人民币（大写）　　　　　　　亿千百十万千百十元角分

用途_____　　　　　　科目（借）_____
上列款项请从　　　　　　　对方科目（贷）_____
我账户内支付　　　　　　　转账日期　年　月　日
出票人签章　　　　　　　　复核　　　记账 |

星城劳务（服务）收入发票

开户银行：建行东城分理处
账号：30012423004

劳三字　　　　　　（02）　3 号　№0001034

客户：星城兰波旺公司　　　2010 年 12 月 22 日

项　目	规格	单位	数量	金　额							备注
				万	千	百	十	元	角	分	
广告宣传费					8	5	0	0	0	0	
金额（大写）：捌仟伍佰元整				¥	8	5	0	0	0	0	

收款单位盖章（未盖章无效）　　　　开票人：刘文　　　　收款人：彭丽

25.12月23日，银行转来胜利工厂（开户行：中国建设银行宝庆市支行，账号：658472365149521，地址、电话：宝庆市东风路453号，0739－6523478，纳税人识别号：432105856478952）托收凭证，计采购甲材料1 000千克，单价4.8元，计4 800元，税额816元，购入丙材料400千克，单价31.8元，计12 720元，税额2 162.4元，两材料共支付运费280元，款项全部承付，运费按重量比例进行分配。

湖南省增值税专用发票

43000452021  No 00054789

购货单位	名　　称：				密码区	2489－1＜9－7－61896284　　加密版本：01 8＜032/52＞9/29533－4974 1626＜8－3024＞82906－2　43000204521 －47－6＜7＞2*－/＞*＞6　00017654		
	纳税人识别号：							
	地址、电话：							
	开户行及账号：							
货物或应税劳务名称	计量单位	数量	单价	金额		税率	税额	
价税合计（大写）				（小写）				
销货单位	名　　称：				备注			
	纳税人识别号：							
	地址、电话：							
	开户行及账号：							

收款人：　　　　复核：　　　　开票人：　　　　销货单位：（章）

第二联：发票联　购货单位记账凭证

湖南省公路运费发票

发货单位：宝庆市胜利工厂　　　　2010年12月23日　　　　No 007986

发　站	宝庆站			到　站	星城站
货物名称	件　数	包　装	重　量	计费重量	
甲材料			100千克	100千克	
丙材料			400千克		
类　别	费　率	数　量	金　额	附　记	
运费		1 400千克	280.00		
合计金额（大写）：贰佰捌拾元整			￥280.00		
收货单位：星城兰波旺公司　　经办人：张雨					

收款单位盖章（未盖章无效）　　会计：肖明明　　复核：陈胜家　　开票：马力

承付

中国工商银行托收承付款凭证（支票通知） 3 第0880657号

委托日期 年 月 日

付款人	全 称		收款人	全 称												
	账 号			账 号											
	开户银行			开户银行						行号	6574				

托收金额	人民币（大写）		千	百	十	万	千	百	十	元	角	分

附 件	商 品 发 运 情 况	合 同 名 称 号 码
附 寄单证张数或册数	4	
备注	款项收妥日期	
	年 月 日 收款人开户银行盖章 月 日	

单位主管　　　　会计　　　　复核　　　　记账

费 用 分 配 表

年 月 日

材料名称	分配标准（千克）	分配率	金 额
甲材料	1 000	0.2	200.00
丙材料	400	0.2	80.00
合 计	1 400		280.00

会计主管　　　　记账　　　　出纳　　　　制单

26.12月24日，报销总经理汽车油费550元，以现金支付。

星城市石化实业集团

发　票　联

客户：　　　　　　　　　　　　　　　　　　　　　No 00455

项　目	单位	数量	单价	金额							备注
				万	千	百	十	元	角	分	
90# 汽油	L	200	2.75		5	5	0	0	0	0	
合计（大写）	⊗万⊗仟伍佰伍拾元零角零分			￥	5	5	0	0	0	0	

②付款人发票

收款单位盖章（未盖章无效）　开票人：刘星　收款人：张中　发票监督电话：0731－5468213

兰波旺公司现金付讫凭单

年　月　日　　　　　　　　　　第　号

现金付讫

付款内容	
金额（大写）	
备注：	

会计主管：　　　复核：　　　批准部门：　　　收款人：

27.12 月 24 日，向本市海利实业公司（开户行：中国工商银行星城支行，账号：641040102135186，地址、电话：星城市光大路 88 号 0731－7565385，纳税人识别号：430035437226124）销售甲材料 1 000 千克，单价 8 元，计 8 000 元，增值税 1 360 元，收到转账支票存入银行。

湖南省增值税专用发票

4300034152　　　　　记账联　　　　No 00012132

开票日期：　　年　　月　　日

购货单位	名　　　　称： 纳税人识别号： 地址、电话： 开户行及账号：			密码区	2489－1＜9－7－61896284　加密版本：01 8＜032/52＞9/29533－4974 1626＜8－3024＞82906－2　4300034152 －47－6＜7＞2*－/＞*＞6　00012131			
货物或应税劳务名称	规格型号	单位	数量	单价	金额	税率	税额	
合　计								
价税合计（大写）								
销货单位	名　　　　称： 纳税人识别号： 地址、电话： 开户行及账号：			备注				

收款人：　　　　复核：　　　　开票人：　　　　销货单位：（章）

第三联：记账联　销货方记账凭证

发票专用章

中国工商银行进账单（收账通知）

年　月　日　　　　　第 002 号

收款人	全　称		付款人	全　称								
	账　号			账　号								
	开户银行			开户银行								
人民币（大写）					百	十	万	千	百	十	元	角	分
票据种类												
票据张数												
单位主管　　会计　　复核　　记账												

收款人开户银行盖章
年　转讫　日

此联是银行交收款人的收账通知

28.12 月 25 日，仓库转来验收单，从胜利工厂购进的甲材料 1 000 千克，丙材料 400 千克，验收入库。

收 料 单

供应单位：　　　　　　　　　　　　　　　　　　　　　　编号：1012

发票号码：　　　　　　　　　　年　月　日　　　　　　仓库：一仓库

规格	材料名称	编号	数量		实际价格（元）				合计									
			应收	实收	单位	单价	发票金额	运杂费	千	百	十	万	千	百	十	元	角	分
备注			验收人盖章						合计									

会计　　　　　　出纳　　　　　　复核　　　　　　记账　　　　　　制单

第二联：会计部门

29.12 月 25 日，在销售产品过程中，为包装产品领用丙材料 10 千克，实际成本 320 元，行政管理部门维修领用丙材料 20 千克，实际成本 640 元。

星城兰波旺公司发出材料汇总表

年　月　日　　　　　　　　　　　　　　　　　　　　　　单位：元

领料部门及用途		甲材料			乙材料			丙材料			合计
		数量	单价	金额	数量	单价	金额	数量	单价	金额	
基本生产	A 产品										
	B 产品										
车间耗用											
管理部门											
销售部门											
合计											

会计主管：　　　　　记账：　　　　　保管：　　　　　制表：

30.12 月 27 日，向大明公司销售 A 产品 1 500 件，单价 32 元，计 48 000 元，增值税额 8 160 元，收到转账支票存入银行。

湖南省增值税专用发票

4300034152　　　记 账 联　　　No 00012133

开票日期：　　年　　月　　日

购货单位	名　　称：		密码区	2489－1＜9－7－61896284　加密版本：01					第三联：记账联
	纳税人识别号：			8＜032/52＞9/29533－4974					销货方记账凭证
	地　址、电话：			1626＜8－3024＞82906－2　4300034152					
	开户行及账号：			－47－6＜7＞2* －/＞*＞6　00012131					
货物或应税劳务名称	规格型号	单位	数量	单价	金额	税率	税额		
合　计									
价税合计（大写）			（小写）						
销货单位	名　　称：		备注						
	纳税人识别号：								
	地　址、电话：								
	开户行及账号：								

收款人：　　　　复核：　　　　开票人：　　　　销货单位：（章）

中国工商银行进账单 （收账通知）

年　月　日　　　　　　　　第 002 号

收款人	全　　称		付款人	全　　称		百	十	万	千	百	十	元	角	分	此联是银行交收款人的收账通知
	账　　号			账　　号											
	开户银行			开户银行											
人民币（大写）															
票据种类															
票据张数															
单位主管　　会计　　复核　　记账															

31. 12 月 27 日，开出信汇凭证偿还前欠明光公司货款 46 732 元。

中国工商银行信汇凭证（回单） 1

委托日期： 年 月 日　　　　　　　　第 002457 号

汇款人	全 称		收款人	全 称		此货联款是的支付款单凭证位向开户银行支付
	账号或住址			账号或住址		
	汇出地点	汇出行名 称		汇入地点	汇入行名 称	

人民币（大写）		百 十 万 千 百 十 元 角 分

汇款用途：

（汇出行盖章）

上列款项已根据委托办理，如需查询，请持此回单来行面洽

单位主管　　会计　　复核　　记账

（印章：中国工商银行星城前进办事处 转讫）

2010 年 12 月 11 日

---

32. 12 月 28 日，支付自来水公司 11 月份水费。

委电　　委托收款凭证（付款通知） 3

委托号码：第 05438 号
付款日期： 年 月 日

委托日期 2010 年 12 月 27 日

付款人	全 称	星城市兰波旺公司	收款人	全 称	星城自来水公司			
	账号或地址	9870461472243115839		账号或地址	786105246638954			
	开户银行	工行前办		开户银行	建行	行号	07	

委收金额	人民币（大写）	贰万零仟叁佰肆拾圆整	千 百 十 万 千 百 十 元 角 分
			￥ 2 0 3 4 0 0 0

款项内容	水费	委托收款凭据名称		附寄单证张数	1 张

（印章：中国工商银行星城前进办事处 转讫）

备注：	电 划	付款人注意：应于见票当日通知开户行划款 如需拒付，应在规定期限内，将拒付理由书 并附债务证明退交开户银行	此联付款人开户行给付款人按期付款的通知

单位主管　　会计　　复核　　记账　　付款人开户行收到日期　　2010 年 12 月 28 日

湖南省增值税专用发票

43000202425　　　　No 00011164

2010 年 12 月 11 日

购货单位	名　　称： 星城兰波旺公司	密码区	2489-1<9-7-61896284　　加密版本：01
	纳税人识别号：430181010263034		8<032/52>9/29533-4974
	地址、电话：星城时代路 0731-6227879		1626<8-3024>82906-2　　43000202425
	开户行及账号：工行前办 9870461472243115839		-47-6<7>2*-/>*>6　　00011164

货物或应税劳务名称	规格型号	单位	数量	单价	金额	税率	税额
水		吨	18 000	1.00	18 000.00	13%	2 340.00
合　计					￥18 000		￥2 340.00
价税合计（大写）	⊗贰万零仟叁佰肆拾圆整				（小写）￥20 340.00		

销货单位	名　　称： 星城自来水公司	备注	水费结算章
	纳税人识别号：430478521423554		
	地址、电话：体育路 8 号 0731-8652348		
	开户行及账号：建行体育路分理处 786105246638954		

收款人：　　　复核：　　　开票人：王明　　　销货单位：（章）

第二联：发票联　购货方记账凭证

33.12 月 15 日，收到银行转来电力公司托收凭证，付讫电费 14 625 元。

委电　委托收款 凭证（付款通知）5

委收号码：第 06213 号
付款日期：　年　月　日

委托日期 2010 年 12 月 13 日

付款人	全　称	星城市兰波旺公司	收款人	全　称	星城自电力公司	
	账号或地址	9870461472243115839		账号或地址	052454678616389	
	开户银行	工行前办		开户银行	建行	行号 023

委收金额	人民币（大写）	贰万肆仟陆佰贰拾圆整	千	百	十	万	千	百	十	元	角	分
					￥	1	4	9	2	5	0	0

款项内容	电费	委托收款凭据名称		附寄单证张数	转讫
备注：	电划		付款人注意：应于见票当日通知开户行划款 如需拒付，应在规定期限内，将拒付理由书并附债务证明退交开户银行		

单位主管　会计　复核　记账　付款人开户行　收到日期 2010 年 12 月 15 日

此联付款人开户行给付款人按期付款的通知

湖南省增值税专用发票

43000204521 <u>发 票 联</u> No 00017654

2010 年 12 月 13 日

购货单位	名　　称：星城兰波旺公司 纳税人识别号：430181010263034 地址、电话：星城时代路 0731－6227879 开户行及账号：工行前办 9870461472243115839	密码区	2489−1<9−7−61896284 8<032/52>9/29533−4974 1626<8−3024>82906−2 −47−6<7>2*−/>*>6	加密版本：01 43000204521 00017654

货物或应税劳务名称	规格型号	单位度	数量	单价	金额	税率	税额
电		度	25 000	0.5	12 500.00	17%	2 125.00
合　　计					￥12 500.00		￥2 125.00

价税合计（大写）	⊗贰万肆仟陆佰贰拾伍圆整	（小写）￥14 625.00

销货单位	名　　称：星城电业局 纳税人识别号：430235543554785 地址、电话：建设路 87 号 0731－5238648 开户行及账号：052457861466389	备注	

收款人：　　　　复核：　　　　开票人：李立　　　　销货单位：（章）

第二联：发票联 购货方记账凭证

34. 12 月 29 日，支付银行短期借款利息。

中国工商银行存（贷）款利息回单

币种：人民币（本位币）　　　　2010 年 12 月 20 日　　　　单位：元

付款人	户名	星城兰波旺公司		收款人	户名	201010
	账号	9870461472243115839			账号	1903021250006300012
实收（付）金额		2 360.00		计息户账号		1903021250010200302
借据编号				借据序号		

备注		起息日期	止息日期	积数/息余	利率	利息
						2 360.00
	调整利息：0.00		冲正利息：0.00			
	应收（付）利息合计：2 360.00					

35.12 月 29 日，收取 20×5 年 1~6 月份门面租金现金 240 000 元，并存入银行。

湖南省星城往来结算统一凭据
记 账 联

2430002040018

No 00015647

付款单位（人）：　　　　　　地址：　　　　　　　　　年　月　日

	金　额									备　注
款 项 目	百	十	万	千	百	十	元	角	分	

合计金额（大写）　佰 拾 万 仟 佰 拾 元 角 分

说明：

单位财务专用章（未盖章无效）：　　　开票人：　　　收款人：

收款单位记账凭证

中国工商银行进账单（收账通知）

年　月　日　　　　　　第 002 号

收款人	全　称		付款人	全　称										
	账　号			账　号										
	开户银行			开户银行		百	十	万	千	百	十	元	角	分
人民币（大写）														
票据种类									收款人开户银行盖章					
票据张数									年　月　日					
单位主管	会计	复核	记账											

此联是银行交收款人的收账通知

36.12 月 29 日，支付给湖南省非税收入管理局 2011 年度养路费（计入管理费）。

湖南省非税收入一般缴款书

车主编号：43020335478　　（公路养路费入客货运附加费）　　No00332456672

执收单位编码：203650305　　湘财通字（2005）

执收单位名称：星城市交通规费直属一所　　　2010 年 12 月 29 日 16 时 24 分

付款人	全　称	星城市兰波旺公司	收款人	全　称	湖南省非税收入管理局
	账　号	9870461472243115839		账　号	78610872000111598688
	开户银行	工商银行前进办事处		开户银行	商业银行

车牌号码	湘 Z－16898		厂牌型号	广本雅阁	
车辆类别	轿车		营运路线		
发动机号	121B56872	吨	计费期 养路费	2011 年 1 月 1 日至 2011 年 12 月 31 日	
车架号码	065423	4 座	附费	年 月 日至 年 月 日	

收入项目	编码	征收标准	征收类型	月数	金额	滞纳金	小计金额
养路费	20230101	100 元/月	全　费		1 200.00		1 200.00
货附费							
客附费							

合计金额（大写）壹仟贰佰元整　　　　（小写）￥1 200.00

缴讫证有效期：从 2011 年 1 月 1 日 至 2011 年 12 月 31 日

执收单位（盖章）　　　备注

校检码：　　　经办人：　　　代缴人：　　　付款期为 48 小时（节假日顺延）

中国工商银行
转账支票存根（湘）

B/0 G/2 00930305

科　目 _____
对方科目 _____
出票日期　年　月　日

收款人：
金　额：
用　途：

单位主管　　会计

中国工商银行 转账支票（湘）　株洲 B/0 G/2 00930305

出票日期（大写）　年　月　日　　付款行名称：

收款人：　　　　出票人账号：

人民币（大写）　亿千百十万千百十元角分

本支票付款期限十天

用途 _____
上列款项请从
我账户内支付
出票人签章

科目（借）_____
对方科目（贷）_____
转账日期　年　月　日
复核　　记账

37.12月30日,根据职工薪酬汇总表,签发现金支票一张,金额为137 790元,发放职工薪酬。

兰波旺公司职工薪酬结算汇总表

2010年12月

部门人员类别	基本工资	经常性奖金	津贴和补贴			应扣工资		应付职工薪酬	代发款项			代扣款项				实发金额
			物价补贴	夜班补贴	住房补贴	病假	事假		洗理费	福利费	小计	水电费	房租费	保险费	小计	
生产车间 生产工人	50 000	9 800	5 000	3 000	2 000	300	200	69 300	1 000	2 000	3 000	3 000	4 000	2 000	9 000	63 300
生产车间 管理人员	5 000	1 200	750	450	300	—	50	7 650	150	300	450	450	600	300	1 350	6 750
生产车间 小计	55 000	11 000	5 750	3 450	2 300	300	250	76 950	1 150	2 300	3 450	3 450	4 600	2 300	10 350	70 050
企业管理人员	28 000	4 800	2 000	1 400	1 200	260	100	37 040	800	1 600	2 400	2 400	3 200	1 600	7 200	32 240
福利部门人员	6 500	3 200	1 500	900	600	—	100	12 600	300	600	900	900	1 200	600	2 700	10 800
销售部门人员	21 000	3 600	1 050	2 090	1 500	90	150	29 000	600	1 300	1 900	2 000	2 800	1 400	6 200	24 700
合 计	110 500	22 600	10 300	7 840	5 600	650	600	155 590	2 850	5 800	8 650	8 750	11 800	5 900	26 450	137 790

劳资主管: 　　审核: 　　制表: 　　合计主管: 　　核算:

中国工商银行 （湘）
现金支票存根

$\frac{B}{0}\frac{G}{2}$10255059

科　　目 _____
对方科目 _____
出票日期 　　年　月　日

收款人：	
金　　额：	
用　　途：	

单位主管　　　会计

🏛 中国工商银行 **现金支票** （湘）　株洲 $\frac{B}{0}\frac{G}{2}$10255059

出票日期（大写）　　年　月　日　　付款行名称：

收款人：　　　　　　　　　　　出票人账号：

本支票付款期限十天

| 人民币（大写） | | 亿 | 千 | 百 | 十 | 万 | 千 | 百 | 十 | 元 | 角 | 分 |

用途_____
上列款项请从
我账户内支付
出票人签章

科目（借）_____
对方科目（贷）_____
付讫日期　年　月　日
出纳　　复核　　记账

贴对号单处 $\frac{B}{0}\frac{G}{2}$10255059

38. 12 月 31 日，分配水、电费和应交税费。

水 费 分 配 表

年　月　日

部门	分配标准（吨）	分配率	分配金额
生产车间	11 000	1.0	
行政管理部门	7 000	1.0	
合　　计	18 000		

会计主管：　　　　　记账：　　　　　制表：

电 费 分 配 表

年　月　日

部门	分配标准（度）	分配率	分配金额
生产车间	14 000	0.5	
行政管理部门	10 000	0.5	
营销部门	1 000	0.5	
合　　计	25 000		

会计主管：　　　　　记账：　　　　　制表：

应交税费计算表

年　月　日

项　目	计税依据	计税金额	计算标准	应交税额
应交增值税	销项税额			
	进项税额			
应交营业税	其他业务收入			
应交城建税	应交增值税税额			
应交教育费附加	应交营业税税额			
合　计				

会计主管：　　　　　记账：　　　　　制表：陈浩

39.12 月 31 日，分摊本月应由管理部门负担的房屋租金 100 元，由车间负担的财产保险费 253.92 元，应由管理部门负担的财产保险费 100 元。

待摊费用分摊表

年　月　日

部　门	分摊项目		合　计
	房租费用	财产保险费	
生产车间		253.92	253.92
行政管理部门	100	100	200
合　计	100	353.92	453.92

会计主管：　　　　　记账：　　　　　制表：陈浩

40. 12 月 31 日，根据"职工薪酬分配汇总表"分配人工费用。（甲、乙产品工资按工时分配）

职工薪酬分配汇总表

年 月 日

项 目	应付职工薪酬	
生产工人工资	79 002	（其中福利费 9 702 元）
其中：甲产品	51 351.3	（其中福利费 6 306.3 元）
乙产品	27 650.7	（其中福利费 3 395.7 元）
车间管理人员工资	8 721	（其中福利费 1 071 元）
企业管理人员工资	42 225.6	（其中福利费 5 185.6 元）
福利部门人员工资	143 64	（其中福利费 1 764 元）
销售人员工资	33 060	（其中福利费 4 060 元）
合 计	177 372.6	（其中福利费 21 782.6 元）

会计主管： 记账： 制表：陈浩

41. 12 月 31 日，根据固定资产折旧计算表提取固定资产折旧费 8 200 元。

固定资产折旧计算表

2010 年 12 月 31 日 单位：元

项 目	固定资产类别	固定资产月初原值	月折旧率	月折旧额
基本生产车间	房 屋	500 000	0.3%	
	机器设备	1 000 000	0.47%	
行政管理部门	房 屋	400 000	0.3%	
	机器设备	100 000	0.8%	
合 计		2 000 000		

会计主管： 记账： 制表：陈浩

42. 12 月 31 日，根据制造费用分配表结转制造费用。

制造费用分配表

年　月　日　　　　　　　　　　　　　　　单位：元

分配对象	分配标准（工时）	分配率	分配金额
A 产品	2 600	11.018 73	28 648.70
B 产品	1 400	11.018 73	15 426.22
合　计	4 000		44 074.92

会计主管：　　　　　　记账：　　　　　　　　制表：陈浩

43. 12 月 31 日，根据完工产品成本计算单结转本月完工产品成本（A 产品全部完工，B 产品完工 1 670 件，尚有少量在产品，在产品成本为 126.92 元）。

完工产品成本计算单

年　月　日　　　　　　　　　　　　　　　单位：元

成本项目	A 产品（产量 4 800 件）		B 产品（产量 1 670 件）	
	总成本	单位成本	总成本	单位成本
直接材料				
直接人工				
其他直接支出				
制造费用				
合　　计	120 000	25	58 450	35

会计主管：　　　　　　记账：　　　　　　　　制表：陈浩

44. 12 月 31 日，结转本月发出产品成本。

已销产品成本计算表

年　月　日　　　　　　　　　　　　　　　单位：元

产品名称	计量单位	月初结存		本月入库		本月销售		期末结存	
		数量	总成本	数量	总成本	数量	总成本	数量	总成本
A	件	1 200	30 000	4 800	120 000				
B	件	600	21 000	1 670	58 450				
合计	-		51 000						

会计主管：　　　　　　记账：　　　　　　　　制表：

45.12 月 31 日，核销无法支付的应付款项 450 元。

46.12 月 31 日，开出转账支票 1 000 元，捐赠给希望工程。

中国工商银行 （湘） 转账支票存根	中国工商银行 转账支票 （湘）	林 洲	$\frac{B}{0}\frac{G}{2}$ 00930306

中国工商银行 （湘）
转账支票存根
$\frac{B}{0}\frac{G}{2}$ 00930306

科　目 ＿＿＿＿＿＿
对方科目 ＿＿＿＿＿＿
出票日期　　年　月　日

| 收款人： |
| 金　额： |
| 用　途： |

单位主管　　　　会计

本支票付款期限十天

中国工商银行 转账支票 （湘）
出票日期（大写）　年　月　日
收款人：

人民币
（大写）

用途＿＿＿＿
上列款项请从
我账户内支付
出票人签章

林洲 $\frac{B}{0}\frac{G}{2}$ 00930306

付款行名称：
出票人账号：

亿	千	百	十	万	千	百	十	元	角	分

科　目（借）＿＿＿＿＿
对方科目（贷）＿＿＿＿＿
转账日期　年　月　日
复核　　　记账

湖南省事业性收费收款收据

交款单位：　　　　　　　　年 月 日　　　　　　　　No0233268

收费项目	收费标准	金　额										② 收据联 付款人报销凭证
		千	百	十	万	千	百	十	元	角	分	
						1	0	0	0	0	0	
					￥	1	0	0	0	0	0	

合计金额（大写）⊗仟⊗佰⊗拾壹万零仟零拾零元零角零分

收款单位盖章（未盖章无效）　　　　会计主管：　　　　收款人：

47.12 月 31 日，结转销售材料的实际成本 5 000 元。

48.12 月 31 日，将本月损益类账户结转至本年利润。

企业损益类账户余额表

年　月　日

项　　　目	金　　额
主营业务收入	
主营业务成本	
营业税金及附加	
其他业务收入	
其他业务支出	
营业外支出	
管理费用	
销售费用	
财务费用	
合　　计	

49.12 月 31 日，根据利润总额按所得税率 33％计算应交所得税额。

50.12 月 31 日，按净利润的 10％提取法定盈余公积，按净利润的 5％提取任意盈余公积金。

【实训要求】

1. 根据各经济业务正确填制完整的原始凭证，辨认各联单据的不同用途，了解各种原始凭证在会计核算中传递的程序和作用。

2. 对原始凭证所记载的经济业务的内容进行审核，检查是否符合有关法律、法规、财经纪律及制度的规定。

3. 通过正确填制完整的原始凭证，掌握原始凭证审核的内容。检查填写项目是否完整，计算是否准确，手续是否完备，只有审核无误的会计凭证才能作为记账的依据。

实训三　记账凭证的填制与审核实训

【实训目的】

通过本会计实训，使学生明确记账凭证应具备的基本要素，熟悉记账凭证的填制与审核的基本程序，掌握根据原始凭证判断会计分录并填制记账凭证的基本操作技能。

【实训准备】

1. 使用专用记账凭证方式的：收款凭证 20 张，付款凭证 30 张，转账凭证 60 张。
2. 使用通用会计记账凭证方式的：通用记账凭证 110 张。

【实训要点】

1. 收、付、转专用凭证的填制方法。
2. 通用记账凭证的填制方法。

【实训操作规范】

（一）记账凭证的填制要求和程序

1. 正确选择记账凭证种类

如果一个单位的经济业务繁杂且收、付款业务较多时，可采用专用记账凭证。如果一个单位的经济业务较简单、规模较小，或收、付款业务较少时，可采用通用记账凭证。

2. 必须以审核无误的原始凭证为依据

除结账和更正错账的记账凭证可以不附原始凭证外，其余记账凭证必须附有原始凭证。

3. 按照统一会计制度的规定，正确填制会计科目，编制会计分录

填写会计科目时，应当填写会计科目的全称和子目甚至细目。记账凭证中所编制的会计分录一般应是一借一贷或多借一贷，避免因多借多贷使账户的对应关系不清。对于一些特殊业务，只有多借多贷才能说明来龙去脉时，应按多借多贷填写一张记账凭证，而不能将其拆开。不得将不同内容和类别的经济业务汇总填制在一张记账凭证上。

4. 正确填写记账凭证的日期

付款凭证一般以财会部门付出现金或开出银行付款结算凭证的日期填写；现金收款凭证应当填写收款当日的日期；银行存款收款凭证实际收款日期可能和收到该凭证的日期不一致，则按填制收款凭证的日期填写；月末计提、分配费用、成本计算、转账等业务，大多是在下月初进行，但所填日期应当填写当月最后一天的日期。

5. 记账凭证中金额的填写

记账凭证的金额必须与原始凭证的金额相符；阿拉伯数字应书写规范，并填至分位；相应的数字应平行对准相应的借贷栏次和会计科目的栏次，防止错栏串行；合计行

填写金额合计时，应在金额最高位数值前填写人民币"￥"符号，以示金额封口，防止窜改。

6. 记账凭证应按行次逐笔填写，不得跳行或留有空行

记账凭证金额栏数值行的最后一行与最底部的合计行之间留有的空行，用斜线或"S"线注销。所划的斜线或"S"线，应自金额栏最后一笔金额数字下的空行分位，划到合计数行上面金额栏开头处的空格。

7. 记账凭证应按月编号

当企业采用通用记账凭证时，记账凭证的编号可以采用顺序编号，即每月都应按经济业务顺序从1号开始，统一编号。当企业采用专用记账凭证时，则采用"字号编号法"。"字"的两种编号方法：分收款、付款、转账业务三类按顺序编号；或分现收、银收、现付、银付和转账业务五类按顺序编号。"号"的编法有整数编号法和分数编号法两种：即一笔或几笔同类经济业务编一张记账凭证时，用整数编号法顺序编号；一笔经济业务需在两张或两张以上的同类记账凭证上共同反映时，应采用分数编号法，如一转账凭证序号为9号时，可编转字 $9\frac{1}{3}$ 号、转字 $9\frac{2}{3}$ 号、转字 $9\frac{3}{3}$ 号。

8. 计算和填写所附原始凭证的张数

记账凭证一般应当附有原始凭证。附件张数用阿拉伯数字写在记账凭证右侧的"附件××张"竖行内。附件张数的计算方法有如下几种：(1)以所附原始凭证的自然张数为准。(2)以所附原始凭证汇总表的张数为准，但需把原始凭证作为原始凭证汇总表的附件张数处理。(3)对于汽车票、火车票等外形较小的原始凭证，可粘贴在"凭证粘贴单"上，作为一张原始凭证来对待，但需在"凭证粘贴单"上注明所粘贴的张数和金额。(4)当一张或几张原始凭证涉及几张记账凭证时，可将原始凭证附在一张主要的记账凭证后面，并在摘要栏内注明"本凭证附件包括××号记账凭证业务"字样，在其他没有附原始凭证的记账凭证上注明"原始凭证附在××号记账凭证后面"字样。(5)原始凭证的复印件，不能作为填制记账凭证的依据。

9. 记账凭证签名或盖章

记账凭证(包括机制记账凭证)填制完成后，相关人员应分别签名盖章；其目的是明确其经济责任，并使会计人员互相制约，互相监督，防止错误和舞弊行为的发生。对于收款凭证及付款凭证，还应由出纳人员签名盖章，以证明款项已收讫或付讫。

(二) 记账凭证审核的主要内容

1. 内容是否真实

记账凭证与所附原始凭证在经济内容和金额上是否一致。

2. 项目是否齐全

审核记账凭证各项目的填写是否齐全，如日期、凭证编号、摘要、会计科目、金额、所附原始凭证张数、有关人员签章。

3. 科目是否正确

审核记账凭证应借、应贷的账户名称和金额是否正确，账户对应关系是否清楚，是

否符合会计制度。

4. 金额是否正确

审核记账凭证所记录的金额与原始凭证的有关金额是否一致，原始凭证中的数量、单价、金额计算是否正确。

5. 书写是否正确

审核记账凭证中的记录是否文字工整、数字清晰，是否按规定使用蓝墨水或碳素墨水。

【实训要求】

根据实训二有关资料编制该公司 2010 年 12 月份的记账凭证。

实训四　账簿的设置、登记实训

第一部分：序时账簿的设置、登记规范及实训

【实训目的】

通过实训使学生掌握三栏式现金日记账、银行存款日记账的登记方法及登记规范。

【实训准备】

1. 现金日记账 3 张，银行存款日记账 4 张。
2. 三栏式明细账 30 张，数量金额式明细账 20 张，多栏式明细账 5 张，生产成本明细账 5 张，应交增值税明细账 4 张。
3. 总分类账 50 张。

【实训要点】

1. 现金日记账的设置与登记方法；
2. 银行存款日记账的设置与登记方法。

【实训操作规范】

（一）账簿的设置与登记技术

账簿的设置，包括确定账簿种类、数量、设计账簿的内容和格式。设置账簿既要有严密性和完整性，又要有适用性和可操作性，因此账簿设置既要避免重复繁琐，又要防止过于简化。一般常用的账簿有现金日记账、银行存款日记账、总分类账、明细分类账及其他辅助性账簿。日记账按经济业务发生的时间先后顺序逐日逐笔进行登记，并做到日清月结；总分类账与明细分类账应当进行平行登记，同时在登记账簿时还应注意以下几点：

（1）记账必须用蓝、黑墨水钢笔书写，不许用铅笔和圆珠笔记账。

（2）记账除结账、改错、冲销账簿记录外，不能用红色墨水。

（3）记账要按规定的更正错账方法更正错账，严禁刮擦、挖补、涂改或用涂改液消除字迹。

（4）记账时应按账户页次顺序逐页进行登记，不得跳行、隔页、如果发生跳行、隔页时应在空行、空页处用红色墨水笔划线注销，在"摘要"栏注明"此行空白"或"此页空白"字样，并由注销人签章。

（5）各账户在一张账页记满时，要在该账页的最末一行加计发生额合计数和结出余额，并在该行"摘要"栏注明"过次页"字样，然后再把这个发生额合计数和余额填到下一页的第一行内，并在"摘要"栏注明"承前页"字样，以保证账簿记录的连续性。

（6）记账后，要在记账凭证上划"√"，表示已经登记入账，避免重记、漏记。

（7）期末有余额的账户，应在账簿的"借"或"贷"栏内写明"借"或"贷"字样，没有余额的账户，应在"借"或"贷"栏内写"平"字，并在"余额"栏的"元"位上用"0"表示。

（8）记账时，书写文字和数码字要符合规范，数码字要紧压下线书写，倾斜45°，一般占空格宽度的1/2为宜。

（二）现金日记账的设置与登记技术

现金日记账是由出纳人员根据审核无误的现金收款凭证和付款凭证及银行存款有关付款凭证，逐日、逐笔、序时登记的账簿。任何一个单位，只要有库存现金的收、付业务，就必须设置现金日记账。现金日记账按库存现金币种设置，采用订本账，账页一般是三栏式（见表4-1），也可用多栏式。

在登记现金日记账时应注意：

（1）必须根据审核无误的现金收付款凭证登记。对于从银行提取现金的经济业务，根据银行付款凭证登记。

（2）所记载的内容如日期、编号、摘要、金额等，必须与会计凭证一致。

（3）登记日记账要做到日清月结，每天结出当日收入和付出发生额合计（当日只有一笔业务可以不结），每天结出余额，并且与库存现金核对相符。

（三）银行存款日记账的设置和登记技术

银行存款日记账是由出纳人员根据审核无误的银行存款收、付款凭证和现金有关付款凭证，逐日、逐笔、序时登记的账簿。凡是在银行开设账户，办理结算业务的单位，都应设置银行存款日记账。银行存款日记账按不同开户银行和存款币种设置，采用订本式账簿，账页格式一般采用三栏式（如表4-2），也可采用多栏式。

在登记银行存款日记账时应注意：

（1）必须根据审核无误的银行存款收付款凭证登记。对于将现金存入银行的业务，根据现金付款凭证登记。

（2）所记载的经济业务内容必须同会计凭证一致。

（3）每月结出余额，定期与银行对账单核对。

现金日记账

表 4－1

年		记账凭证		对方科目	摘要	现金支票号码	借方									贷方									✓	余额								
月	日	字	号				百	十	万	千	百	十	元	角	分	百	十	万	千	百	十	元	角	分		百	十	万	千	百	十	元	角	分

表4-2

银行存款日记账

年		记账凭证		对方科目	摘要	支票		借方									贷方									余额								
月	日	字	号			种类	号码	百	十	万	千	百	十	元	角	分	百	十	万	千	百	十	元	角	分	百	十	万	千	百	十	元	角	分

【实训资料】

1. 企业概况与实训二相同
2. 建账资料

星城兰波旺公司 2010 年 12 月 1 日，现金日记账的余额为 200.00 元，银行存款日记账的余额为 149 000.00 元，上述两种日记账均使用订本式账簿，各一册，每册 20 页，账簿启用日期和经管人员接管日期均为 2010 年 1 月 1 日。

【实训要求】

1. 根据实训二的实训资料开设三栏式"现金日记账"和"银行存款日记账"。
2. 根据填制的记账凭证中有关现金、银行存款收付业务的记账凭证和原始凭证登记"现金日记账（表 4-1）"和"银行存款日记账（表 4-2）"，并做到日清月结。

第二部分：分类账的登记规范及实训

【实训目的】

通过实训，使学生掌握明细分类账与总分类账的登记方法与技能，掌握三栏式、数量金额式、多栏式明细账各适用于哪些账户，明确总分类账户与所属明细分类账户之间的关系。

【实训要点】

1. 总分类账的设置与登记方法；
2. 三栏式明细账的设置与登记方法；
3. 数量金额式明细账的设置与登记方法；
4. 多栏式明细账的设置与登记方法。

【实训操作规范】

（一）总分类账的设置与登记技术

总分类账简称总账，根据单位设置的总账科目开设账簿，采用订本式账簿，账页格式一般采用三栏式（见表 4-3），也可以采用多栏式。

登记总账，可以直接根据各种记账凭证逐笔登记，也可以把各种记账凭证先进行汇总，编制成"汇总记账凭证"或"科目汇总表"后再据以登记总账。

（二）明细分类账的设置与登记技术

明细分类账根据会计制度要求及各单位管理要求设置，常见的明细分类账格式有三栏式、数量金额式（表 4-4）和多栏式。通常采用活页式和卡片式账簿。

各种明细账要根据原始凭证、原始凭证汇总表和记账凭证每天进行登记，也可以定期（三天或者五天）登记。但债权债务明细分类账和财产物资明细账应当每天登记，以便随时与对方单位结算，核对库存余额。

表 4 - 3

总分类账

总第 _____ 页
分第 _____ 页
会计科目或编号 _____

年		凭证		摘要	借方									贷方									借或贷	余额								
月	日	字	号		百	十	万	千	百	十	元	角	分	百	十	万	千	百	十	元	角	分		百	十	万	千	百	十	元	角	分

表 4—4

月	日	进价	调拨价	零售价

明细分类账

产地＿＿＿ 单位＿＿＿ 规格＿＿＿ 品名＿＿＿

总第＿＿＿页
分第＿＿＿页
编号＿＿＿

最高存量	
最低存量	

年		凭证		摘要	借（增加）方											贷（减少）方											余额											√
月	日	字	号		数量	单价	金额							元	角	分	数量	单价	金额							元	角	分	数量	单价	金额							元	角	分
							百	十	万	千	百	十						百	十	万	千	百	十						百	十	万	千	百	十			

（三）总分类账与明细分类账的平行登记

总分类账与其所属明细分类账所反映的会计事项是相同的，登记时的依据是相同的原始凭证，分别以总括指标和详细指标的形式反映同一项内容。为了使总分类账与其所属的明细分类账之间能起到统驭与补充的作用，便于账户核对，必须采用平行登记的方法。平行登记可以概括为以下三点：

1. 同时间登记

对所发生的每项经济业务，要根据会计凭证，一方面在有关的总分类账中进行总括登记，另一方面要在有关的明细分类账中进行明细登记。

2. 同方向登记

登记总分类账户及所属的明细分类账户时，借贷记账方向必须一致。

3. 同金额登记

对每一项经济业务，记入总分类账户的金额必须与记入其所属的明细分类账户金额之和相等。

【实训资料】

1. 2010 年 12 月 1 日部分明细分类账余额见表 4 - 5：

表 4 - 5

总账科目	明细科目	单位	借或贷	余　　额		
				数量	单价	金　额
应付账款	正大工厂	元	贷			35 000.00
	长中工厂	元	贷			5 000.00
应付账款	大明公司	元	借			52 000.00
	长新公司	元	借			48 000.00
其他应收款	王军刚	元	借			400.00
	刘志林	元	借			1 000.00
应交税费	未交增值税	元	贷			7 680.00
	应交城建税	元	贷			4 200.00
	应交所得税	元	贷			12 000.00
其他应付款	工会会费	元	贷			600.00
应交税费	应交教育费附加	元	贷			800.00
长期借款		元	贷			200 000.00
	一年内到期的借款	元	贷			50 000.00
原 材 料	甲材料	千克	借	4 000	5.00	20 000.00
	乙材料	千克	借	2 000	10.00	20 000.00
	丙材料	千克	借	500	32.00	16 000.00
库存商品	A 产品	件	借	1 200	25.00	30 000.00
	B 产品	件	借	600	35.00	21 000.00

2. 部分总账账户的余额见表4-6。

表4-6

总账科目	借方余额	总账科目	贷方余额
固定资产	2 000 000.00	实收资本	1 630 000.00
原 材 料	56 000.00	资本公积	29 000.00
库存现金	1 200.00	盈余公积	64 000.00
银行存款	149 000.00	本年利润	126 520.00
库存商品	51 000.00	应付账款	40 000.00
应收账款	100 000.00	应交税费	24 680.00
待摊费用	1 600.00	长期借款	200 000.00
利润分配	80 000.00	应付职工薪酬	2 400.00
其他应收款	1 400.00	累计折旧	300 000.00
在途物资	10 000.00	坏账准备	1 000.00
待处理财产损溢	200.00	短期借款	30 000.00
		预提费用	2 200.00
		其他应付款	600.00
合计	2 450 400.00	合计	2 450 400.00

3.12月1日以后的原始凭证和记账凭证见实训二。

【实训要求】

1. 根据资料1设置有关账户的明细账，并登记期初余额。
2. 根据资料2设置所有总账，并登记期初余额。
3. 根据资料3登记已开设的明细账。
4. 根据资料3编制的记账凭证直接登记总分类账。
5. 结出已开设并登记的明细账和总账的月末余额，并结出各收支类账户的本月发生额。

第三部分：对账与结账规范及实训

【实训目的】

通过实训，使学生掌握结账与对账的方法和技能，具体要求做到：
1. 按权责发生制原则的要求，掌握调整和结转有关账项的方法和技能。
2. 掌握账户本期发生额和期末余额的登记方法与技能。
3. 掌握月度、季度和年度结账的标记方法。
4. 掌握账证核对、账账核对的方法与技能。

【实训要点】

1. 账证核对、账账核对的方法与技能；
2. 月度、季度和年度结账方法。

【实训操作规范】

（一）对账

对账就是核对账目。各单位应当定期将会计账簿记录的有关数字与库存实物、货币资金、有价证券、对方单位或个人等相互核对，保证账证相符、账账相符、账实相符。对账工作每天至少进行一次。对账的主要内容有：

1. 账证核对

将账簿记录与会计凭证核对，这是保证账账相符，账实相符的基础。账证核对工作平常是通过编制凭证和记账中的"复核"环节进行的，核对会计账簿记录与原始凭证、记账凭证的时间、凭证字号、内容、金额是否一致，记账方向是否相符。

2. 账账核对

核对不同会计账簿记录是否相符。包括总账有关账户的余额核对，总账与明细账核对，总账与日记账核对，会计部门的财产物资明细账与财产物资保管和使用部门的有关明细账核对等。

3. 账实核对

核对会计账簿记录与财产等实有数额是否相符。包括现金日记账账面余额与现金实际库存数核对，银行存款日记账账面余额与银行对账单核对，各种财产物资明细账账面余额与财产物资实存数额核对，各种应收、应付款明细账账面余额与对方有关债务、债权核对等。

（二）结账

结账是在一定时期内发生的全部经济业务登记入账的基础上，计算并记录本期发生额和期末余额。

此外，企业因撤消、合并、分立等原因而办理财务交接时，也需要办理结账。

结账程序及方法是：

1. 结账前，检查本期内日常发生的经济业务是否已全部登记入账，若发现漏账、错账，应及时补记更正。

2. 结账时，应当结出每个账户的期末余额。需要结出当月发生额的应当在摘要栏内注明"本月合计"字样，并在下面通栏画单红线。需要结出本年累计发生额的，应当在摘要栏内注明"本年累计"字样，并在下面通栏画单红线。12月末的"本年累计"就是全年累计发生额，全年累计发生额下应当通栏画双红线。年度终了结账时，所有总账账户都应当结出全年发生额和年末余额。

（三）账簿启用与更换新账

账簿启用时，应在账簿扉页上设置"账簿启用表"，详细填写启用表上的各项内容。订本式账簿在启用前，从第一页至最后一页顺序编定页数，不得跳页、缺号。活页式账簿所使用的账页，按账户顺序编号，定期装订成册，装订后，再按实际使用账页顺序编定页数和目录，注明每个账户的名称和页次。

年度终了后，应将全部账户的余额结转至下年度新账簿的相应账户中去，结转时，应在上年度账户最后一笔记录的下一行的"摘要"栏中，注明"结转下年"字样，并将各账户的年末余额按反方向记入各该账户的"发生额"栏，将账户余额全部结平。在其下面划一条通栏红线，在下一行"摘要"栏内注明"全年累计发生额"字样，结出借方发生额和贷方发生额合计，并在该行下面划双红线。

下一年度新开账户的第一行，填写的日期是1月1日，"摘要"栏注明"上年结转"字样，同时将上年结转余额记入"余额"栏，并标明余额方向。

【实训要求】

1. 根据本实训第二部分实训资料3检查所有的记账凭证是否都登记入账，如果有漏记的要补记，检查本月31号的记账凭证，该调整的账项和结转的账页是否都调整和结转完毕。

2. 计算各总分类账户12月份的本月发生额和月末余额，并做出月结和年结的标志。

3. 将本实训第一部分所登记的日记账，第二部分所登记的明细分类账分别与总账进行核对，并填列"明细分类账户余额表"（表4-5）和"总分类账户本期发生额及余额核对表"（表4-6）。

4. 年终，将本年余额结转下年，开设下年新账。

表4-5

明细分类账户余额核对表

年　月　日

总账科目	明细科目	期末余额	
		借方	贷方
应收账款			
其他应收款			
原 材 料			
库存商品			
应付账款			
应交税费			

表 4 - 6   **总分类账户本期发生额及余额核对表**

年 月 日   单位：元

会计科目	本期发生额		期末余额		会计科目	本期发生额		期末余额	
	借 方	贷 方	借 方	贷 方		借 方	贷 方	借 方	贷 方
库存现金					实收资本				
银行存款					资本公积				
应收账款					盈余公积				
其他应收款					本年利润				
在途物资					生产成本				
原材料					制造费用				
库存商品					主营业务收入				
待摊费用					主营业务成本				
固定资产					销售费用				
累计折旧					管理费用				
应付账款					财务费用				
应付职工薪酬					其他业务收入				
应交税费					其他业务成本				
利润分配					营业外支出				
					所得税费用				
合 计					合 计				

第四部分：错账更正规范及实训

【实训目的】

通过实训，使学生掌握错账更正方法与技能。

【实训要点】

1. 文字登账错误更正方法；

2. 数字登账错误更正方法。

【实训操作规范】

常用的更正错账的方法有划线更正法、红字更正法和补充登记法三种。

1. 划线更正法

在填制凭证、登记账簿的过程中，如果发现文字或数字记错时可采用划线更正法进行更正。划线更正时，应用尺在写错的文字或数字上划一道单红线，使原来的错误字迹仍可辨认，然后在划线上方填写正确的记录。注意：在划线时如果是文字错误，可只划掉错误部分；但如果是数字错误，应将整个数字划掉，不得只划掉错误数字。例如：将数字 78 790 元错写为 68 790，不能只将 6 划掉改为 7，应当将 68 790 全数划掉，更正为 78 790。更正后更正人员和财务负责人应在划线的一端盖章，以示负责。

2. 红字更正法

记账以后，如果在当年内发现记账凭证所记的科目或金额有错时，可以采用红字更正法进行更正。具体做法是：先用红字填制一张与原错误完全相同的记账凭证，据以用红字登记入账，冲销原有的错误记录；同时，再用蓝字填制一张正确的记账凭证，注明"订正××年××月××号凭证"，据以登记入账，这样就把原来的错误更正过来。

3. 补充登记法

在登账后，如果发现记账凭证中应借、应贷方向和会计科目正确，而所记金额小于应记金额，可采用补充登记法予以更正。具体做法是：将少记金额用蓝字（或黑字）编制一张记账凭证，并登记入账。

【实训资料】

（一）星城兰波旺公司 2010 年 11 月份部分银行存款收支业务的原始凭证及记账凭证如下：

1. 11 月 1 日，以银行存款支付 2011 年上半年财产保险费 6 000 元。

付 款 凭 证

总 字 号

贷方科目：**银行存款**　　　　　　　*2010* 年 *11* 月 *1* 日　　　　　　　　**银付字**第 *1* 号

摘　　要	借　方　科　目		金　　额									记账
	总账科目	明细科目	百	十	万	千	百	十	元	角	分	
支付厂商下半年财产保险费	管理费用					6	0	0	0	0	0	
合　　　　计					¥	6	0	0	0	0	0	

附单据 2 张

会计主管：　　　　记账：　　　　出纳：　　　　审核：　　　　制单：

中国人民保险公司长沙分公司
保　险　费　收　据

No 0876561

兹收到星城兰波旺公司（1～6月份）

保险费（大写）金额：人民币陆仟元整　　　　　　￥：6 000.00

系付（厂部）财产险保险费

2010 年 12 月 1 日

主管：李勇　　　　　　复核：王力　　　　　　经办：高平

中国工商银行转账支票存根

支票号码　　2834560
科　　目　　银行存款
对方科目　　管理费用
出票日期　　2010 年 11 月 01 日

收款人：保险公司星城分公司
金　额：￥5 000.00
用　途：保险费
备　注：

单位主管　刘单　　会计　张成

2.11 月 1 日，以银行存款支付书刊费 1 350 元。

付 款 凭 证

总 字 号

贷方科目：银行存款　　　　　2010 年 11 月 1 日　　　　　现付字第 2 号

摘　要	借 方 科 目		金　额									记账
	总账科目	明细科目	百	十	万	千	百	十	元	角	分	
支付书刊费	管理费用					1	3	0	5	0	0	
合　计　金　额					¥	1	3	0	5	0	0	

会计主管：　　　　记账：　　　　出纳：　　　　审核：　　　　制单：

附单据 2 张

星城市新华书店专用发票

No 0876681

全国统一发票监制章
税务局监制

购书单位：星城兰波旺公司　　　2010 年 11 月 1 日　　　　　单位：元

类　别	数　量	金　额	类　别	数　量	金　额	收讫章
哲学社会科学						
文化、教育	70	350.00				
文学、艺术						
自然科学技术	100	1 000.00				
实收人民币（大写）：壹仟叁佰伍拾元整　　　¥ 1 350.00						

复核：　　　　　填票：　　　　　收款：

第二联：报销凭证

星城市新华书店业务专用章

中国工商银行转账支票存根

支票号码 2834562

科　　目 银行存款

对方科目 管理费用

出票日期 2010 年 11 月 01 日

收款人：保险公司星城分公司
金　额：￥1 350.00
用　途：书刊费
备　注：

单位主管　　　　　会计

复　　核　　　　　记账

3.11 月 1 日，开出转账支票支付厂部设备日常修理费 3 820 元。

付 款 凭 证

总 字 号

贷方科目：银行存款　　　　　　2010 年 11 月 1 日　　　　　　银付字第 3 号

摘　要	借 方 科 目		金　额									记账	附件2张
	总账科目	明细科目	百	十	万	千	百	十	元	角	分		
支付修理费	管理费用					3	8	2	0	0	0		
合　　计					￥	3	8	2	0	0	0		

会计主管：　　　　　记账：　　　　　制单：　　　　　领款人：

机动车维修业统一发票 (02)

服务三字

车属单位：星城兰波旺公司

国统一发票监制
2010 年 11 月 1 日
税务局监制

№087421

工作单号	A－10	类别		厂牌型号	蓝箭纳轿车	入厂		年 月 日							
修理别		车牌号	0688	送修人		入厂		年 月 日							
总工时			小时			金 额									
附凭证		张数		结项		百	十	万	千	百	十	元	角	分
材料明细表										2	3	0	0	0
工时票									3	4	9	0	0	0
其他										1	0	0	0	0
合计金额（大写）：叁仟捌佰贰拾元整								￥	3	8	2	0	0	0

业务部门：　　　　　　收款：　　　　　　　　财务专用章

第二联：报销凭证

中国工商银行转账支票存根

支票号码　2833565

科　　目　银行存款

对方科目　管理费用

出票日期　2010 年 11 月 01 日

收款人：大华汽车修理公司
金　额：￥3 820.00
用　途：修理费
备　注：

单位主管　　　　　会计

复　核　　　　　　记账

4.11 月 1 日，开出现金支票提取现金 600 元。

付 款 凭 证

贷方科目：银行存款　　　　　　2010 年 11 月 2 日　　　　　　第 4 号

摘　要	借 方 科 目		金　额									记账
	总账科目	明细科目	百	十	万	千	百	十	元	角	分	
从银行提现金备用	库存现金					6	0	0	0	0	0	
合　　计					¥	6	0	0	0	0	0	

附单据 1 张

会计主管：　　　　记账：　　　　出纳：　　　　审核：　　　　制单：

中国工商银行转账支票存根

支票号码　Ⅵ Ⅱ 0234122

科　　目　库存现金

对方科目　银行存款

出票日期　2010 年 11 月 1 日

收款人：	星城兰波旺公司
金　额：	¥ 600.00
用　途：	备　用
备　注：	

单位主管　　　　　会计

5.11 月 1 日，以银行存款支付购买办公用品 486 元。

付 款 凭 证

贷方科目：现金　　　　　　2010 年 11 月 1 日　　　　　　现付字第 5 号

摘　要	借方科目		金　额									账页或√
	总账科目	明细科目	百	十	万	千	百	十	元	角	分	
支付办公用品费	管理费用	办公费					4	6	8	0	0	
合　　计						¥	4	6	8	0	0	

会计主管：　　　　记账：　　　　出纳：　　　　审核：　　　　制单：

附单据 2 张

长沙市零售商品专用发票

No087563

购书单位：星城兰波旺公司　　　　2010 年 11 月 1 日　　　　单位：元

类别	数量	金额	类别	数量	金额	收讫章
办公纸		200.00				
笔		86.00				
其他		200.00				
		486.00				

实收人民币（大写）：⊗万⊗仟肆佰捌拾陆元整　　¥486.00

复核：李齐　　　　填票：　　　　收款：张巴

第二联：报销凭证

中国工商银行转账支票存根

支票号码　2833566
科　　目　银行存款
对方科目　管理费用
出票日期　**2010** 年 **11** 月 **01** 日

收款人:
金　额：**¥486.00**
用　途：办公费
备　注：

单位主管　　　　会计
复　核　　　　　记账

（二）星城兰波旺公司 2010 年 11 月 1 日的"银行存款日记账"。

银行存款日记账

2010年		记账凭证		摘　要	对方科目	借　方									贷　方									✓	余　额								
月	日	字	号			百	十	万	千	百	十	元	角	分	百	十	万	千	百	十	元	角	分		百	十	万	千	百	十	元	角	分
11	1			期初余额																							9	6	8	0	1	7	9
	1	付	1	支付保险费	管理费用													6	0	0	0	0	0										
	1	付	2	支付书刊费	管理费用													1	3	0	5	0	0										
	1	付	3	支付维修费	管理费用													3	2	8	0	0	0										
	1	付	4	提取现金	库存现金												1	2	0	0	0	0	0										
	1	付	5	购买办公品	管理费用													4	6	8	0	0	0										

【实训要求】

1. 查找实训资料中的错误之处，并判断错账的性质（是方向、金额还是科目错误）。

2. 将查找出的错误运用适当的方法更正。

3. 对更正错误后的账户结账。

实训五　主要会计处理程序综合实训

第一部分：记账凭证账务处理程序实训

【实训目的】

通过实训使学生掌握记账凭证账务处理程序的操作。

【实训要点】

根据各种记账凭证（收款凭证、付款凭证、转账凭证）逐笔地直接登记总分类账。

【实训操作规范】

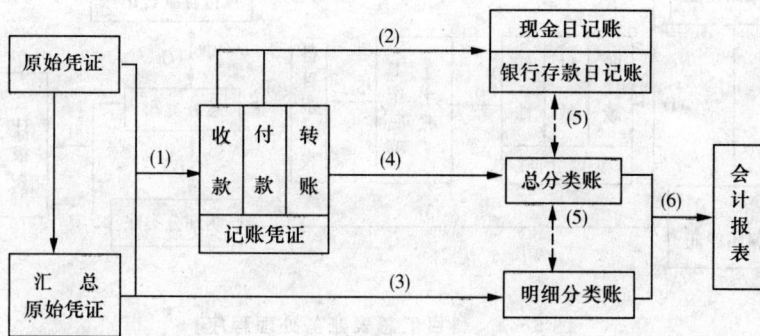

图 5-1　记账凭证账务处理程序

记账凭证账务处理程序如下：

1. 根据原始凭证或原始凭证汇总表填制记账凭证（已在实训三完成）；

2. 根据记账凭证中的收款、付款凭证逐日逐笔登记现金日记账和银行存款日记账（已在实训四第一部分中完成）；

3. 根据各种记账凭证，结合原始凭证或原始凭证汇总表逐笔登记各种明细分类账（已在实训四第二部分明细账的登记中完成）；

4. 根据各种记账凭证逐笔登记总分类账（已在实训四第二部分总账的登记中完成），并在总账的摘要栏内说明经济业务的主要内容或对方科目，以建立账户之间的对应关系；

5. 根据总账资料定期与有关的明细账和日记账核对，保证账账相符（已在实训四第三部分中完成）；

6. 根据总账、明细账和其他有关资料定期编制会计报表（在实训七完成）。

【实训要求】

结合记账凭证账务处理程序，将实训二、实训三、实训四融会贯通，理清记账凭证处理程序的脉络，为实训七做准备。

第二部分：科目汇总表账务处理程序实训

【实训目的】

通过实训使学生掌握科目汇总表账务处理程序的操作。

【实训要点】

定期根据记账凭证编制科目汇总表，然后根据科目汇总表登记总分类账。

【实训操作规范】

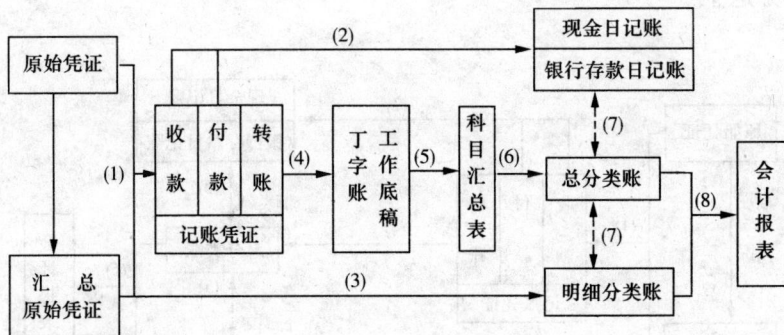

图 5-2　科目汇总表账务处理程序

（一）科目汇总表账务处理程序

1. 根据原始凭证或原始凭证汇总表填制记账凭证（已在实训三完成）；

2. 根据记账凭证中的收款、付款凭证逐日逐笔登记现金日记账和银行存款日记账（已在实训四第一部分中完成）；

3. 根据各种记账凭证，结合原始凭证或原始凭证汇总表逐笔登记各种明细分类账（已在实训四第二部分明细账的登记中完成）；

4. 根据各种记账凭证定期登记"丁"字账，并进行"丁"字账发生额试算平衡；

5. 根据"丁"字账填制科目汇总表；

6. 根据科目汇总表登记总分类账；

7. 根据总账资料定期与有关的明细账和日记账核对，保证账账相符（已在实训四第三部分中完成）；

8. 根据总账、明细账和其他有关资料定期编制会计报表（在实训七完成）。

（二）科目汇总表的编制方法

采用"丁"字账工作底稿的方法进行编制。

1.定期（5天、10天、半个月或一个月）根据各种记账凭证进行汇总，按汇总期内全部记账凭证所涉及的每一会计科目开设并登记"丁"字账。为了便于登记总账，一般按总分类账上的账户顺序开设"丁"字账，并将汇总期内的全部记账凭证逐笔登记入账。为了便于日后查找账目，反映账户之间的对应关系，要求在"丁"字账中逐笔标出凭证种类和凭证号数。

2.进行"丁"字账发生额试算平衡。在"丁"字账工作底稿上，加总所有账户借方发生额和贷方发生额，进行发生额试算平衡。如借贷方数额相等，则表示汇总正确，否则，需检查转抄、加总及记账凭证有无错误。查明原因，直到借贷平衡。"丁"字账发生额试算平衡取代了总分类账试算平衡。

3.根据"丁"字账填制科目汇总表。"丁"字账发生额试算平衡后，按"丁"字账工作底稿上的账户顺序填在科目汇总表中"会计科目"栏上，将每一账户的借、贷方发生额填入科目汇总表的相应栏目内，全部账户借、贷方发生额合计数分别填入合计栏的借方和贷方。

对于现金、银行存款科目的借方发生额和贷方发生额也可以根据现金日记账和银行存款日记账借、贷方金额合计数填列。

【实训要求】

1.根据实训二的资料登记"丁"字账，并进行"丁"字账发生额试算平衡；

2.根据"丁"字账填制科目汇总表（表5-1）；

3.根据科目汇总表登记总账；

4.将实训二、实训三、实训四结合科目汇总表账务处理程序融会贯通，理清脉络，为实训七做准备。

表5-1

凭证	号至　号	张
凭证	号至　号	张
凭证	号至　号	张

科　目　汇　总　表

年　月　日至　日　　　　　　第＿＿＿号

会　计　科　目	本　期　发　生　额			
	借　方　金　额 千百十万千百十元角分	账页或√	贷　方　金　额 千百十万千百十元角分	账页或√

续表 5-1

凭证	号至 号	张
凭证	号至 号	张
凭证	号至 号	张

科 目 汇 总 表

年 月 日至 日　　　　　　第＿＿＿＿号

会 计 科 目	本 期 发 生 额																					
	借 方 金 额										账页或√	贷 方 金 额										账页或√
	千	百	十	万	千	百	十	元	角	分		千	百	十	万	千	百	十	元	角	分	
合 计																						

会计主管　　　　记账　　　　审核　　　　制单

第三部分：汇总记账凭证账务处理程序实训

【实训目的】

通过实训使学生掌握汇总记账凭证账务处理程序的操作。

【实训要点】

定期根据记账凭证编制汇总记账凭证，然后根据汇总记账凭证登记总分类账。

【实训操作规范】

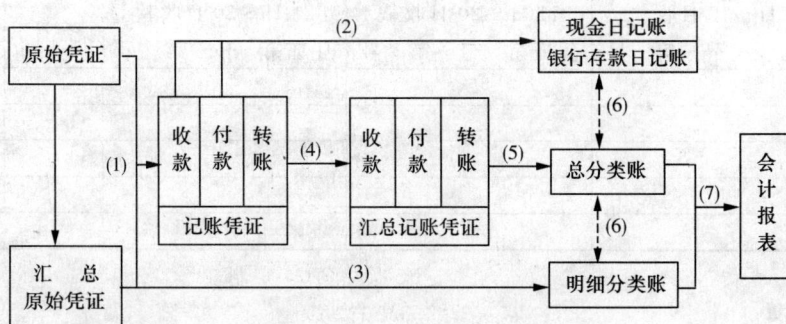

图 5 - 3　汇总记账凭证账务处理程序

（一）汇总记账凭证账务处理程序

1. 根据原始凭证或原始凭证汇总表填制记账凭证（已在实训三完成）；

2. 根据记账凭证中的收款、付款凭证逐日逐笔登记现金日记账和银行存款日记账（已在实训四第一部分中完成）；

3. 根据各种记账凭证，结合原始凭证或原始凭证汇总表逐笔登记各种明细分类账（已在实训四第二部分明细账的登记中完成）；

4. 根据收款凭证、付款凭证和转账凭证，定期编制汇总收款凭证、汇总付款凭证和汇总转账凭证；

5. 月终，根据汇总收款凭证、汇总付款凭证和汇总转账凭证登记总分类账；

6. 总账与明细账、日记账定期核对，保证账账相符（已在实训四第三部分中完成）；

7. 根据总账、明细账和其他有关资料编制会计报表（在实训七完成）。

（二）汇总记账凭证账务处理程序的编制方法

汇总收款凭证（表 5 - 2）、汇总付款凭证（表 5 - 3）是根据现金、银行存款的收款和付款凭证定期（一般 5 天或 10 天）按照科目的对应关系汇总填列一次，每月填制一张，月终计算出合计数以登记总账各有关科目。由于现金与银行存款之间相互收付的业务只填制付款凭证，不填制收款凭证，因而现金汇总收款凭证所汇总的现金收入金额不全，其中，从银行提取现金的业务，因作银行存款付款凭证，应汇总在银行存款汇总付款凭证之中。同样，银行存款汇总收款凭证所汇总的银行存款收入金额也不全，其中，现金存入银行的业务，由于只作现金付款凭证，因此，也只能汇总在现金汇总付款凭证之中。但在登记总账以后，总账的"现金"、"银行存款"科目就可以汇总反映两个科目的全部借贷发生额。

表 5－2

汇总收款凭证

借方科目：　　　　　　　　　　　　年　月　　　　　　　　　汇收字第　号

贷方科目	金　额			合计	总账页次	
	1 日～10 日收款 凭证第　号～第　号	11 日～20 日收款 凭证第　号～第　号	21 日～30 日收款 凭证第　号～第　号		借方	贷方
合计						

会计主管　　　　　复核　　　　　记账　　　　　制证

表 5－3

汇总付款凭证

贷方科目：　　　　　　　　　　　　年　月　　　　　　　　　汇付字第　号

借方科目	金　额			合计	总账页次	
	1 日～10 日付款 凭证第　号～第　号	11 日～20 日付款 凭证第　号～第　号	21 日～30 日付款 凭证第　号～第　号		借方	贷方
合计						

会计主管　　　　　复核　　　　　记账　　　　　制证

汇总转账凭证（表 5－4）一般按照每一贷方科目分别设置，并根据转账凭证按借方科目归类汇总，定期（5 天或 10 天）汇总填列一次，每月编制一张。月终计算出合计数，据以登记总账。汇总转账凭证以哪一方科目设置，从理论上讲可以按会计科目的借方设置，也可以按贷方设置，但不可以按借、贷两方同时设置。

但若按每一借方科目设置，按贷方科目归类，会使编制的汇总转账凭证过多，失掉了汇总登总账从而简化登总账的作用，因为一般经济业务大都是一借一贷和多借一贷形式居多，汇总转账凭证按贷方科目设置，就会减少汇总凭证的张数，简化登记总账工作。为了便于编制汇总转账凭证，所有转账凭证中科目的对应关系应该是一个贷方科目同一个或几个借方科目相对应，一个借方科目不能同某几个贷方科目相对应。如果在月份内某一贷方科目的转账凭证为数不多时，也可不编制汇总转账凭证，直接根据转账凭证记入总分类账。

应当注意的是，汇总转账凭证中，贷方发生额的合计数不一定是该科目的全部贷方发生额。这是因为，涉及"现金"、"银行存款"收款业务的，其贷方发生额填列在汇总收款凭证中，例如，收到转让专利权收入 100 000 元，这项业务应作，借：银行存款 100 000，贷：其他业务收入 100 000，填列于银行存款的汇总收款凭证中，在其他业务收入的汇总转账凭证表中就不再重复汇总。但在汇总收款凭证和汇总转账凭证登记总账后，就可以汇总反映涉及有关科目的全部发生额。

表 5－4

汇总转账凭证

贷方科目：　　　　　　　　　　年　月　　　　　　　　汇转字第　号

| 借方科目 | 金　额 | | | | 总账页次 | |
	1 日～10 日转账凭证第　号～第　号	11 日～20 日转账凭证第　号～第　号	21 日～30 日转账凭证第　号～第　号	合计	借方	贷方
合计						

会计主管　　　　　复核　　　　　记账　　　　　制证

【实训要求】

1. 根据实训三填制的记账凭证编制汇总收款凭证、汇总付款凭证和汇总转账凭证；

2. 根据汇总收款、付款、转账凭证登记总账；

3. 结合实训二、实训三、实训四的实训操作，理清脉络，掌握汇总记账凭证账务处理程序。

实训六 财产清查实训

【实训目的】

通过实训使学生掌握库存现金及有价证券、银行存款、债权债务、实物资产的清查方法及其账务处理。

【实训要点】

1. 现金及有价证券清查方法及其账务处理；
2. 银行存款清查方法及其账务处理；
3. 各种债权债务清查方法及其账务处理；
4. 实物资产清查方法及其账务处理。

【实训资料1】

星城兰波旺公司2010年11月与银行对账单核对时发现余额不等：银行对账单余额为149 869.81元，而银行存款日记账余额为149 000元。经核对又发现：

（1）公司已入账收入，而银行未进账643.16元；

（2）银行错将大洋公司款110元记入本公司作支出；

（3）公司已作支出，而银行尚未支付的支票有①169.67元，②142.53元，③131.26元，④131.44元，⑤243.55元，⑥305.52元；

（4）开户银行已记收入的一笔货款495.00元，公司银行存款日记账未作收入；

（5）本期存款利息收入1 800元，银行已记收入，公司未记；

（6）银行扣财务费用（手续费）14元，公司未记支出。

【实训要求】

根据以上未达账项编制银行存款余额调节表。

银行存款余额调节表

年 月 日   单位：元

银行存款日记账	金额	银行对账单	金额
账面存款余额		银行对账单余额	
加：银行已收公司未收款项		加：公司已收银行未收款项	
减：银行已付公司未付款项		减：公司已付银行未付款项	
调节后的存款余额		调节后的存款余额	

【实训资料 2】

1. 星城兰波旺公司年末进行财产清查发现下列账实不符的情况：

（1）甲材料盘盈 30 千克，实际成本 900 元；

（2）乙材料盘亏 120 千克，实际成本 1 200 元；

（3）发现账外车床一台，目前市场价值 60 000 元，估计八成新；

（4）盘亏机器一台，其账面原值为 50 000 元，已提折旧 48 000 元。

2. 上列账项经批准后处理如下：

（1）盘盈的甲材料冲减管理费用；

（2）盘亏的乙材料中 700 元属自然耗损作管理费用处理，500 元属保管责任造成，责成保管员赔偿；

（3）以上盘盈（亏）的固定资产，经批准，进行相应处理。

（4）上月原待处理短缺的甲材料 200 元，现查明原因，系管理不善，经批准计入企业管理费用。

【实训要求】

1. 填制实存账存对比表；

2. 根据上述资料编制会计分录。

实存账存对比表

年　月　日　　　　　　　　　　　　　单位：元

编号	名称规格	实存		账存		对比情况				备注
						盘盈		盘亏		
		数量	金额	数量	金额	数量	金额	数量	金额	

盘盈盘亏原因：

审批意见：

会计主管：　　　　保管员：　　　　记账：　　　　制单：

实训七 会计报表编制实训

第一部分：资产负债表编制实训

【实训目的】

通过实训使学生进一步理解资产负债表编制的基本原理，了解公司资产负债表的结构和表中项目，熟悉由账簿到资产负债表的过程，理解账户与表中项目的关系，最终可以熟练掌握资产负债表的编制方法。

【实训要点】

1. 资产项目的填列方法；
2. 负债项目的填列方法；
3. 所有者权益项目的填列方法。

【编制方法】

（一）资产负债表编制的一般方法

资产负债表各项目数据的来源，主要通过以下几种方式取得：

1. 直接根据总账账户的余额填列

资产负债表中大多数项目，根据相应的总账账户的期末余额直接填列，包括：交易性金融资产、应收票据、在建工程、无形资产、长期待摊费用、短期借款、应付票据、其他应付款、应付职工薪酬、应交税费、实收资本、盈余公积等项目。

2. 根据几个总账账户余额合计填列

资产负债表中有些项目，不是对应于一个会计账户，而是对应于几个会计账户，这些项目需要对对应的几个会计账户的期末余额进行加总，再填列表中。包括：

（1）"货币资金"项目，应根据现金、银行存款、其他货币资金三个总账科目的期末余额合计数填列。

（2）"存货"项目，应根据物资采购、原材料、包装物、低值易耗品、材料成本差异、产成品、生产成本等总账科目的期末借贷金额相抵后的差额填列。

（3）"未分配利润"项目，1 至 11 月份应根据本年利润减利润分配总账科目的期末余额的差额填列；年末编制年度资产负债表时，则根据"利润分配——未分配利润"明细科目余额直接填列。

如果企业年度发生亏损，则"未分配利润"项目应以"—"号列示。

3. 根据有关明细账的余额分析填列或根据总账账户余额的方向分析填列

资产负债表中有些项目，要根据其明细账的期末余额进行填列或根据总账账户的余额方向填列，这些项目包括：

（1）"应收账款"明细账的借方余额在"应收账款"项目反映，贷方余额在"预收账款"项目反映。

（2）"预收款项"明细账的借方余额在"应收账款"项目反映，贷方余额在"预收账款"项目反映。

（3）"预付款项"明细账借方余额在"预付账款"项目反映，贷方余额在"应付账款"项目反映。

（4）"应付账款"明细账借方余额在"预付账款"项目反映，贷方余额在"应付账款"项目反映。

4. 根据明细账账户的有关内容分析填列的项目

在资产负债表中有些项目需要根据有关的明细账账户的内容分析后填列，这些项目包括：

（1）"持有至到期投资"科目中，将于一年内到期的债券，在流动资产类下的"一年内到期的非流动资产"项目中反映；其余在"持有至到期投资"项目中反映。

（2）"长期借款"科目中，将于一年内到期的长期借款，在流动负债类下的"一年内到期的长期负债"项目内反映；其余在"长期借款"项目中反映。

5. 根据账户余额减去其备抵账户后的净额填列

如"固定资产"项目减去"累计折旧"及"固定资产减值准备"项目后得到"固定资产"项目。

（二）资产负债表各有关项目的具体填列方法

资产负债表"年初数"栏内的各项数字，应根据上年末资产负债表"年末数"栏内所示数字填列。如果本年度该表规定的各个项目的名称和内容与上年度不相一致，应对上年年末资产负债表各项目的名称和数字按照本年度的规定加以调整后，再填入本年度该表"年初数"栏内。

【实训资料】

1. 星城兰波旺公司 2010 年 11 月 30 日的账户余额表见实训四。

2. 星城兰波旺公司 2009 年 12 月 31 日的资产负债表见表 7-1。

表 7 - 1　　　　　　　　　　　**资产负债表**　　　　　　　　　会企 01 表

编制单位：星城兰波旺公司　　　　　2009 年 12 月 31 日　　　　　　　单位：元

资产	年初数	期末数	负债和所有者权益（或股东权益）	年初数	期末数
流动资产：			流动负债：		
货币资金		140 000	短期借款		20 000
交易性金融资产			交易性金融负债		
应收票据			应付票据		
应收账款		118 000	应付账款		5 000
预付款项		1 000	预收款项		
应收利息			应付职工薪酬		2 000
应收股利			应交税费		21 600
其他应收款		2 000	应付利息		400
存货		150 000	应付股利		50 000
一年内到期的非流动资产			其他应付款		1 000
其他流动资产		300	一年内到期的非流动负债		
流动资产合计		411 300	其他流动负债		
非流动资产：			流动负债合计		145 000
可供出售金融资产			非流动负债：		
持有至到期投资			长期借款		200 000
长期应收款			应付债券		
长期股权投资			长期应付款		
投资性房地产			专项应付款		
固定资产		1 250 000	预计负债		
在建工程			递延所得税负债		
工程物资			其他非流动负债		
固定资产清理			非流动负债合计		200 000
生产性生物资产			负债合计		345 000
油气资产			所有者权益（或股东权益）：		
无形资产			实收资本（或股本）		1 066 300
开发支出			资本公积		50 000
商誉			减：库存股		
长期待摊费用			盈余公积		150 000
递延所得税资产			未分配利润		50 000
其他非流动资产			所有者权益（或股东权益）合计		1 316 300
非流动资产合计		1 250 000			
资产总计		1 661 300	负债及所有者权益（或股东权益）总计		1 661 300

【实训要求】

根据实训一至实训实训六的资料编制星城兰波旺公司 2010 年 12 月 31 日资产负债表，见表 7-2。

表 7-2　　　　　　　　　　　**资产负债表**　　　　　　　　　　会企 01 表

编制单位：星城兰波旺公司　　　　2010 年 12 月 31 日　　　　　　单位：元

资产	期末余额	年初余额	负债和所有者权益（或股东权益）	期末余额	年初余额
流动资产：			流动负债：		
货币资金			短期借款		
交易性金融资产			交易性金融负债		
应收票据			应付票据		
应收账款			应付账款		
预付款项			预收款项		
应收利息			应付职工薪酬		
应收股利			应交税费		
其他应收款			应付利息		
存货			应付股利		
一年内到期的非流动资产			其他应付款		
其他流动资产			一年内到期的非流动负债		
流动资产合计			其他流动负债		
非流动资产：			流动负债合计		
可供出售金融资产			非流动负债：		
持有至到期投资			长期借款		
长期应收款			应付债券		
长期股权投资			长期应付款		
投资性房地产			专项应付款		
固定资产			预计负债		
在建工程			递延所得税负债		
工程物资			其他非流动负债		
固定资产清理			非流动负债合计		
生产性生物资产			负债合计		
油气资产			所有者权益（或股东权益）：		
无形资产			实收资本（或股本）		
开发支出			资本公积		
商誉			减：库存股		
长期待摊费用			盈余公积		
递延所得税资产			未分配利润		
其他非流动资产			所有者权益（或股东权益）合计		
非流动资产合计					
资产总计			负债及所有者权益（或股东权益）总计		

第二部分：利润表编制实训

【实训目的】

通过实训使学生进一步了解利润的形成过程及其表中各项目，掌握表中"所得税"项目的计算方法，最终能够熟练掌握利润表的编制方法。

【实训要点】

1. 利润的计算过程；
2. 利润表有关项目的填列方法。

【编制方法】

编制利润表，按照我国企业会计利润表的格式要求，表中一般设有"本年金额"和"上年金额"两栏，具体应做到：

1. "上年金额"的填列方法

本表"上年金额"栏内各项数字，应根据上年度利润表"本年金额"栏内所列数字填列。如果上年度利润表的各个项目的名称和内容与本年度不相一致，应对上年度利润表各项目的名称和数字按本年度的规定进行调整，填入"上年数"栏内。

2. "本年金额"各项目的内容及其填列方法

(1)"营业收入"项目，反映企业经营主要业务和其他业务所确认的收入总额。本项目应根据"主营业务收入"、"其他业务收入"等科目的发生额填列。如果该科目借方记录有销售退回等，应抵减本期的销售收入，按其销售收入净额填列本项目。

(2)"营业成本"项目，反映企业经营主要业务和其他业务发生的实际成本总额。本项目应根据"主营业务成本"、"其他业务成本"科目发生额分析填列。

(3)"营业税金及附加"项目，反映企业经营业务应负担的消费税、营业税、城市维护建设税、资源税、土地增值税和教育费附加等，但不包括增值税。本项目应根据"营业税金及附加"科目的发生额分析填列。

(4)"销售费用"项目，反映企业在销售商品过程中发生的包装费、广告费等和为销售本企业商品而专设的销售机构的职工薪酬、业务费等经营费用。"管理费用"项目，反映企业组织和管理生产经营发生的管理费用。"财务费用"项目，反映企业筹集生产经营所需资金等而发生的筹资费用。应根据相关科目的发生额分析填列。

(5)"资产减值损失"项目，反映企业各项资产发生的减值损失。本项目应根据"资产减值损失"科目发生额分析填列。

(6)"公允价值变动收益"项目，反映企业按照相关准则规定应当计入当期损益的资产或负债公允价值变动净收益，本项目应根据"公允价值变动净收益"科目发生额分析填列。如交易性金融资产当期公允价值的变动额为净损失，以"—"号填列。

(7)"投资收益"项目，反映企业以各种方式对外投资所取得的扣除投资损失后的净损益。本项目应根据"投资收益"科目发生额分析填列。企业持有的交易性金融资产处置和出售时，处置收益部分应当自"公允价值变动损益"项目转出，列入本项目。

（8）"营业外收入"项目和"营业外支出"项目，反映企业发生的与生产经营无直接关系的各项收入和支出。这两个项目分别根据"营业外收入"和"营业外支出"科目的发生额分析填列。

（9）"利润总额"项目，反映企业实现的利润。如为亏损，以"—"号填列。

（10）"所得税费用"项目，反映企业从当期损益中扣除的所得税。本项目应根据"所得税费用"科目的余额分析填列。

（11）"净利润"项目，反映企业交纳所得税后的利润。如为亏损，以"—"号填列。

（12）"基本每股收益"和"稀释每股收益"项目，应当根据每股收益准则的规定计算的金额填列。

【实训资料】

1. 星城兰波旺公司 2010 年 11 月份损益类账户本年累计发生额见表 7-3：

表 7-3   各损益账户发生额（未结转利润前）

单位：元

账 户 名 称	借方累计发生额	贷方累计发生额
主营业务收入		620 000
其他业务收入		32 000
其他业务成本	25 000	
主营业务成本	330 000	
营业税金及附加	60 000	
销售费用	26 000	
管理费用	24 000	
财务费用	2 000	
营业外收入		3 500
营业外支出	4 000	
所得税费用	60 885	

2. 根据实训一至实训六有关资料编制星城兰波旺公司 2010 年度利润表。

表 7-4   利润表   会企 02 表

编制单位：   年   月   单位：元

项　　　　　目	本期金额	上期金额
一、营业收入		
减：营业成本		
营业税金及附加		
销售费用		
管理费用		
财务费用（收益以"—"填列）		

续表

项　　目	本年金额	上年金额
资产减值损失		
加：公允价值变动收益（净损失以"－"填列）		
投资收益（净损失以"－"号填列）		
其中：对联营企业和合营企业的投资收益		
二、营业利润（亏损以"－"号填列）		
加：营业外收入		
减：营业外支出		
其中：非流动资产处置损失（净收益以"－"号填列）		
三、利润总额（亏损以"－"号填列）		
减：所得税费用		
四、净利润（亏损以"－"号填列）		
五、每股收益		
（一）基本每股收益		
（二）稀释每股收益		

实训八 会计凭证与账簿的装订、保管实训

【实训目的】

通过本实训使学生熟悉会计凭证造册归档、使用、借阅及保管、销毁程序，掌握会计凭证和账簿的装订、保管要求和技术。

【实训准备】

装订机、装订线、胶水和会计凭证的封面、封底两套。

【实训操作规范】

（一）会计凭证的装订方法及保管要求

1. 记账凭证应当连同所附的原始凭证或者原始凭证汇总表，按照编号顺序，折叠整齐，按期装订成册，并加具封面，注明应填列的内容，由装订人在装订线封签处签名或者盖章。

2. 装订时，首先将全部凭证以左上角为准对齐，在左上角正面放一块长宽各约 9 公分的正方形牛皮纸，将牛皮纸对折为四块，剪掉左上角的那块，将右下角与凭证的左上角对齐；其次在凭证封面左上角上钻两个孔，穿入装订绳，绕两圈，在封底打上结；再其次将牛皮纸右上角和左下角两小块反折到凭证封底，粘在打好的结上，将结压在里面（上述装订面积一般不超过 3.5 公分）；最后由装订人盖上骑缝章，并在脊背上填写时间及编号。

3. 会计凭证的封面在填写时，应当包括以下内容：单位名称、所属的年度和月份、起讫日期、凭证种类、起讫号码等。

会计凭证封面

年 月 份 第　　册	（企业名称） 　年　月份　共××册第××册 收款 付款　　凭证　第××号至第××号　共××张 转账 　　　附：原始凭证共××张 会计主管：　　　　　　　保管：

4. 会计凭证装订时，对于那些重要的原始凭证，比如各种经济合同、存出保证金

收据、涉外文件、契约等，为了便于日后查阅，可以不附在记账凭证之后，另编目录、单独保管，然后在相关的记账凭证和原始凭证上相互注明日期和编号，以便日后核对。

5. 会计凭证装订时，对于那些较多的原始凭证，例如，发货票、收货单、领料单等，也可以不附在记账凭证之后，单独装订成册，在封面上注明记账凭证的日期、编号、种类，然后在记账凭证上注明"附件另订"（或"所附原始凭证另订"）和原始凭证的名称、编号。

6. 装订成册的会计凭证，应指定专人负责保管。当年的会计凭证，在会计年度终了后，可暂由本单位会计机构保管一年，期满后应交本单位的档案机构统一保管。出纳人员不得兼管会计档案。已经存档的会计凭证，在需要查阅时，必须经过一定的审批手续。查阅时不得拆散原卷册。原始凭证不得外借。外单位因特殊需要使用原始凭证时，经本单位领导人批准，可以复制。向外单位提供的原始凭证复制件，应在专设的登记簿上登记，并由提供人员和收取人员共同签章。

7. 保管期满的会计凭证可以销毁。但属于下列情况的，保管期满也不得销毁：

(1) 尚未结清的债权债务的原始凭证，保管期满也不得销毁，应当单独抽出立卷，保管到未了事项完结时为止。

(2) 正在项目建设期间的建设单位，其保管期满的会计凭证也不得销毁。

8. 按规定可以销毁的会计凭证，销毁时应办理如下手续：

(1) 由本单位档案机构会同会计机构提出销毁意见，编制销毁清册，列明所销毁的会计凭的名称、卷号、册数、起止年度、档案编号、应保管期限、已保管期限和销毁的时间等等。

(2) 由单位负责人在销毁清册上签署意见。

(3) 销毁时，应由档案机构和会计机构共同派员监督。

(4) 监销人员在会计凭证销毁前，应当按照销毁清册所列的内容清点核对所要销毁的会计凭证；销毁后，应当在销毁清册上签名盖章，并将监销情况报告本单位负责人。

(二) 会计账簿的装订方法及保管要求

1. 会计账簿的更换

账簿更换是在会计年度末，将本年度旧账更换为下年度新账。

更换新账的方法是：在年终结账时，将需要更换簿的各账户的年末余额直接过入新启用的有关账户中去，不需要编制记账凭证，也不必将余额再记入本年账户的借方或贷方。

更换新账时，要注明各账户的年份，然后在第一行"日期"栏内写明，"一月"，"一日"，在"摘要"栏注明"上年结转"，把账户余额写入"余额"栏内，在此基础上登记新年度的会计事项。

2. 旧账归档，移交前的准备工作

账簿在更换新账后除跨年使用的账簿外，其他账簿应按时整理归入会计档案保管。归档前应做好以下几项工作：

(1) 账簿装订前的工作。首先按账簿启用表的使用页数核对账户是否相符，账页是否齐全，序号排列是否连续；然后，按会计账簿封面、账簿启用表、账户目录和排序整理好的账页顺序装订。

（2）活页账簿装订要求。将账页填写齐全，去除空白页和账夹，并加具封底封面；多栏式活页账、三栏式活页账、数量金额式活页账等不得混装，应按同类业务、同类账页装订在一起；在装订账页的封面上填写好账簿的种类，编好卷号，由会计主管人员、装订人或经办人签章。

（3）账簿装订后的其他要求。会计账簿应牢固、平整，不得有折角、缺角、错页、掉页、加空白纸的现象；会计账簿的封口要严密，封口处要加盖印章；封面应齐全、平整，并注明所属年度及账簿名称、编号，编号要一年一编，编号顺序是总账、现金日记账、银行存款日记账、分类明细账；旧账装订完毕后，按规定要求进行保管。

3. 调用旧账时应办理的手续

各单位保存的会计账簿归档后不得借出，如有特殊需要经本单位负责人批准，可以提供查阅或者复制，并办理登记手续，查阅或者复制会计档案的人员，严禁在会计档案上涂画、拆封和抽换。

各单位应建立健全会计档案查阅、复制登记制度。

4. 账簿保管期满销毁时应办理的手续

账簿保管期满，可以按照下列程序销毁：

（1）由本单位档案机构会同会计机构提出销毁意见，编制账簿档案销毁清册，列明销毁档案的名称、卷号、册数、起止年度和档案编号，应保管期限，已保管期限，销毁时间等内容。

（2）单位负责人在会计账簿销毁清册上签署意见。

（3）销毁会计账簿时，应当由档案机构和会计机构共同派员监销。国家机关销毁会计账簿时，应当由同级财政部门、审计部门派员参加监销。财政部门销毁会计账簿时应当由同级审计部门派员参加监销。

（4）监销人员在销毁会计账簿前应当按照会计账簿销毁清册所列内容清点核对所销毁的会计账簿；销毁后，应当在会计账簿销毁册上签名盖章，并将监销情况报告本单位负责人。

（三）会计电算化档案的保存与管理

1. 会计电算化档案管理的基本方法

（1）确定管理范围。电算化会计档案内容主要包括本单位各种会计凭证、会计账簿、会计报表、财务计划、单位预算和重要的经济合同、开发设计说明书，以及源程序文件、用户操作规程及使用手册、电算化会计科目及科目代码表、会计报表格式、报表取数公式、自动转账公式及其他计算公式、检验公式等存贮于磁性介质上的会计数据、程序文件及其他会计资料。

（2）制定管理措施。与手工方式一致，电算化方式生成的证、账、表等会计档案，应按规定立卷归档保管。其保存期限应按照《会计档案管理办法》（1998［财会字］132号），"会计档案保管期限表"中所列的保存期限进行管理。会计相关职能部门应紧密配合，确认合法的会计档案内容，制定严格管理措施。

（3）磁性介质的管理。存贮于磁性介质上的会计资料，在未打印成书面资料前要妥善保管，并制定科学合理的单位内部会计电算化会计资料保存期限。在单位内部电算档案管理制度中，必须明确备份数据的时间间隔。备份盘也要定期复制，以防止磁性介质老化等技术问题导致数据损坏或丢失，提高电算化会计资料保存的安全系数。

（4）会计档案存放要求。电算化会计资料存贮于磁性介质上，所以对电算化会计档案资料的存放，要求做到防火、防潮、防尘、防热、防磁、防冻。重要的会计数据应双备份，并分别存于两个以上不同的地点。会计数据的备份盘，应对标号方法进行统一规定，列入档案管理制度的书面文件。备份盘应贴好写保护标签，存放于铁皮保存柜中。按财政部要求，大中型企业应采用磁带、光盘、微缩胶片等介质存储数据，尽量少用软盘存储会计档案。

（5）开发资料管理。会计电算化系统开发的全套文档资料视同会计档案进行管理。其保存期限截至该系统停止使用或有重大更改后的第五年。

此外，电算化档案的借阅、书面资料的装订、病毒检测间隔周期等，也应根据具体情况制定相应的管理制度。

2. 在会计电算化系统中进行数据备份与恢复的方法

（1）数据备份。计算机会计核算系统中的数据备份，通常是指将存贮在计算机硬盘上的数据复制到软盘上，在计算机以外的地方另行保管，当硬盘上的数据发生故障时，能及时地从软盘上恢复正确的数据。数据备份的另一个作用是查询输出以往年份的账。AB 备份法是计算机会计核算系统常用的方法。基本原理是：每年度准备若干张已格式化的软盘分为两组，每组软盘张数视业务量的多少而定；如果 A 组先用作备份，那么 B 组可用作下一次的备份，再下一次又使用 A 组软盘；两次备份的时间间隔根据具体情况制定。当硬盘数据发生故障时，可使用 A 组软盘恢复到最新状态，假如 A 组软盘也发生数据丢失或损坏，还可以用 B 组软盘恢复到最近的状态，以确保会计档案的安全完整。AB 备份法可以有效地提高系统会计数据的安全系数。至此，一个备份周期中的所有数据及公式文件完成备份。

（2）数据恢复。数据恢复是指将备份到软盘上的数据恢复到计算机硬盘上，它与数据备份是一个相反的过程。在下列情况下应使用数据恢复功能进行数据恢复：①当硬盘数据被破坏时；②当需要查询以往年份的历史数据，而这些数据已从硬盘清除；③当需要从一台计算机转移到另一台计算机运行会计软件时，可在新的计算机上先安装会计软件，再将原会计数据恢复到新计算机的硬盘上。

（3）数据恢复时应注意的事项。①由于恢复数据是覆盖性的，不正确的恢复可能破坏硬盘中的最新数据，因此在做数据恢复时，应先将硬盘数据备份；②进行恢复操作时，用户应指明恢复何年何月的数据。当开始恢复数据时，系统首先识别软盘上标识的备份日期是否与用户选择的日期相同，如果不相同将提醒用户换盘。由于数据恢复工作比较重要，容易错把硬盘上的最新数据变成软盘上的旧数据，因此应指定少数人进行此项操作；③不要在恢复过程中关机、关电源或重新启动机器；④不要在恢复过程中打开驱动器开关或抽出软盘，除非系统提示换盘。

（四）会计档案保管期限

企业和其他组织会计档案保管期限一览表

序号	档案名称	保管期限	备注
一	会计凭证类		
1	原始凭证	15 年	
2	记账凭证	15 年	
3	汇总凭证	15 年	
二	会计账簿类		
4	总账	15 年	包括日记总账
5	明细账	15 年	
6	日记账	15 年	现金和银行存款日记账保管 25 年
7	固定资产卡片		固定资产报废清理后保管 5 年
8	辅助账簿	15 年	
三	财务报告类		
9	月度、季度财务报告	3 年	包括文字分析
10	年度财务报告（决算）	永久	包括文字分析
四	其他类		
11	会计移交清册	15 年	
12	会计档案保管清册	永久	
13	会计档案销毁清册	永久	
14	银行余额调节表	5 年	
15	银行对账单	5 年	

【实训要求】

将实训二的会计凭证和会计账表按规定的要求装订好。

实训九　基础会计综合实训

【实训目的】

通过本单元实训，使学生全面、系统地掌握会计操作一个完整的业务循环，即从期初建账、原始凭证的填制、审核，记账凭证的填制、审核，账簿的登记、核对、错账更正，会计处理程序的运用到会计报表的编制，从而对企业会计核算形成一个完整的概念。

【实训准备】

1. 用品：钢笔（红、黑墨水各一支）、计算器或算盘、胶水、不锈钢夹、线绳、装订机等。

2. 凭证、账表：会计记账凭证（可以使用专用记账凭证，其中收款凭证 20 张，付款凭证 30 张，转账凭证 50 张，也可以使用通用记账凭证 100 张）、各类会计账簿（现金日记账 5 张、银行存款日记账 5 张、三栏式总账 50 张、三栏式明账 30 张、数量金额式明细账 20 张、生产成本明细账 5 张、多栏式明细账 5 张、应交增值税明细账 4 张、科目汇总表 4 张）、会计报表（资产负债表 1 份，利润表 1 份）等。

3. 实训地点：会计手工模拟实验室。

4. 实训时间：20 学时。

【实训要点】

1. 掌握建账、制证、登账、对账、结账和编表的基本技能和方法。

2. 明确科目汇总表账务处理程序的特点及操作流程。

【实训步骤】

1. 根据经济业务审核和传递原始凭证；

2. 根据受理的原始凭证填制记账凭证；

3. 传递记账凭证；

4. 定期（10 天）编制科目汇总表；

5. 审核记账凭证并逐日登记日记账和明细账，根据科目汇总表登记总账；

6. 对账，包括账证、账账、账实核对；

7. 结账，包括月结、年结；

8. 编表，只要求编制资产负债表和利润表；

9. 填写"实验报告单"。

【实训资料】

（一）实训企业概况

企业名称：兴湘股份有限公司

企业类型：机械制造业

企业性质：民营企业

经营范围：生产甲、乙两种产品

纳税人登记号：430324751104211

开户银行：中国工商银行潇湘分行，账号：430－990812

地址：长沙市韶山路 999 号

联系电话：0731－5975022

法人代表：刘明宇

（二）建账资料

1. 各总分类账账户 2010 年 11 月末余额（如表 9-1 所示）

表 9-1　　　　　　　　　　**各总分类账账户月末余额表**

2010 年 11 月 30 日

编号	账户名称	借方	贷方
101	库存现金	2 000	
102	银行存款	200 000	
111	交易性金融资产	30 000	
112	应收票据	25 000	
113	应收账款	60 000	
119	其他应收款	800	
121	在途物资		
123	原材料	190 000	
137	库存商品	44 800	
139	待摊费用	4 200	
151	长期股权投资	80 000	
161	固定资产	1 000 000	
165	累计折旧		200 000
171	无形资产	9 500	
181	长期待摊费用	4 500	
191	待处理财产损溢		
201	短期借款		696 750
202	应付票据		50 000
203	应付账款		2 000
211	应付职工薪酬		5 000
221	应交税费		25 000
223	应付股利		44 000
231	预提费用		10 050
301	股本		550 000
311	资本公积		56 000
313	盈余公积		12 000
321	本年利润		

（续表）

编号	账户名称	借方	贷方
322	利润分配		
401	生产成本		
405	制造费用		
501	主营业务收入		
502	主营业务成本		
503	销售费用		
504	营业税金及附加		
511	其他业务收入		
512	其他业务成本		
521	管理费用		
522	财务费用		
531	投资收益		
541	营业外收入		
542	营业外支出		
550	所得税费用		
合计		1 650 800	1 650 800

2. 各明细分类账账户11月末余额（如表9-2所示）

表9-2　　　　　　　　　各明细分类账账户月末余额表

2010 年 11 月 30 日

总账科目	子目	细目	2010 年 11 月末余额	
			借方	贷方
库存现金	现金日记账		2 000	
银行存款	银行存款日记账		200 000	
交易性金融资产	债券投资		15 000	
	股票投资		15 000	
应收票据	商业承兑汇票		10 000	
	银行承兑汇票		15 000	
应收账款	红星公司		40 000	
	迷你公司		20 000	
其他应收款	保险公司		800	
在途物资	甲材料			
	乙材料			
	丙材料			
原材料	甲材料		60 000	
	乙材料		40 000	
	丙材料		90 000	
库存商品	A产品			
	B产品		44 800	
待摊费用	财产保险费		300	
	报刊订阅费		1 200	

(续表)

总账科目	子目	细目	2010年11月末余额	
			借方	贷方
长期股权投资	股票投资		80 000	
固定资产	生产车间		600 000	
	厂部		400 000	
累计折旧	生产车间			150 000
	厂部			50 000
无形资产	专利权		9 500	
长期待摊费用	开办费		4 500	
待处理财产损溢	待处理固定资产损溢			
	待处理流动资产损溢			
短期借款	临时借款			696 750
应付票据	商业承对汇票			30 000
	银行承兑汇票			20 000
应付账款	大发工厂			2 000
应付职工薪酬				5 000
应交税费	应交所得税			3 000
	应交增值税			16 000
	应交城建税			5 000
	应交营业税			1 000
应付股利				44 000
预提费用	借款利息			1 400
	修理费			8 650
股本	法人资本金			550 000
盈余公积	法定盈余公积			12 000
	任意盈余公积			
本年利润	主营业务成本			
	销售费用			
	营业税金及附加			
	其他业务支出			
	管理费用			
	财务费用			
	营业外支出			
	所得税费用			
	主营业务收入			
	其他业务收入			
	投资收益			
	营业外收入			

（续表）

总账科目	子目	细目	2010 年 11 月末余额	
			借方	贷方
利润分配	未分配利润			
	应付股利			
生产成本	基本生产成本	A 产品		
		直接材料		
		人工费用		
		制造费用		
	基本生产成本	B 产品		
		直接材料		
		人工费用		
		制造费用		
制造费用				
主营业务收入	A 产品			
	B 产品			
主营业务成本	A 产品			
	B 产品			
销售费用	广告费			
	运杂费			
营业税金及附加	城市维护建设税			
	教育费附加			
其他业务收入	材料销售			
其他业务成本	材料销售成本			
管理费用	（明细项目略）			
财务费用	利息支出			
	手续费			
投资收益				
营业外收入	固定资产盘盈收入			
	应付款项			
营业外支出	非常损失			
	固定资产清理损失			
所得税费用				

3. 账簿格式

（1）总分类账均采用三栏式账页。

（2）除以下账户外，其他明细分类账均采用三栏式账页：

"在途物资"明细账采用横线登记式账页。

"原材料"、"库存商品"、"主营业务收入"、"主营业务成本"用数量金额式账页。

"固定资产"、"累计折旧"采用固定资产账页。

"销售费用"、"营业税金及附加"、"财务费用"、"营业外收入"、"营业外支出"、"其他业务收入"、"其他业务成本"、"利润分配——未分配利润"、"生产成本"、"制造费用"、"投资收益"、"管理费用"、"本年利润"采用多栏式明细账。

（3）多栏式明细账明细栏目建议按以下栏目设置：

"制造费用"、"生产成本"设置借方多栏：材料、人工费用、折旧费、水电费、修理费、其他。

"管理费用"设置借方多栏：材料、人工费用、折旧费、水电费、财产保险费、办公费、差旅费、报刊订阅费、无形资产摊销、开办费摊销、其他。

(4) 其他多栏式明细账栏目的设置按如表 9-2 所示中给出的栏目设置。

(三) 兴湘股份有限公司 2010 年 12 月发生以下经济业务

1.12 月 1 日，开出现金支票，从银行提取现金 800 元备用。

中国工商银行 (湘) 现金支票存根	中国工商银行 现金支票 (湘) 株洲 B/0 G/2 00930320
B/0 G/2 00930320	出票日期（大写）贰零壹零年壹拾贰月零壹日 付款行名称：
科　目 _____	收款人：本公司 出票人账号：
对方科目 _____	人民币（大写）捌佰元整 亿千百十万千百十元角分 ¥80000
出票日期 2010 年 12 月 1 日	用途 备用金 科目（借）_____
收款人：本公司	上列款项请从 对方科目（贷）_____
金 额：800.00	我账户内支付 付讫日期 年 月 日
用 途：备用金	出票人签章 复核 记账
单位主管 会计	贴对号单处 B/0 G/2 10255056

2.12 月 1 日，向胜利工厂购入甲材料 500 千克，单价 2 元，价款 1 000 元，增值税额 170 元，运杂费 230 元，款项以银行存款支付，材料验收入库。

中国工商银行 (湘) 转账支票存根	中国工商银行 转账支票 (湘) 株洲 B/0 G/2 00820210
B/0 G/2 00820210	出票日期（大写）贰零壹零年壹拾贰月零壹日 付款行名称：工行潇湘分行
科　目 _____	收款人：胜利工厂 出票人账号：682406
对方科目 _____	人民币（大写）壹仟肆佰元整 亿千百十万千百十元角分 ¥140000
出票日期 2010 年 12 月 1 日	用途 购材料 科目（借）_____
收款人：胜利工厂	上列款项请从 对方科目（贷）_____
金 额：1 400.00	我账户内支付 转账日期 年 月 日
用 途：购甲材料	出票人签章 复核 记账
单位主管 会计	

湖南省增值税专用发票

43000452021　　　　发票联　　　　No 00045685

2010 年 12 月 1 日

第二联：发票联 购货单位记账凭证

购货单位	名　　称：兴湘股份有限公司 纳税人识别号：430324751104211 地址、电话：长沙市韶山路5975022 开户行及账号：430－990812	密码区	2489－1＜9－7－61596284　加密版本：01 8＜032/52＞9/29533－4974 1626＜8－3024＞82906－2　43000204521 －47－6＜7＞2ˇ－/＞ˇ＞6　00017654

货物或应税劳务名称	计量单位	数量	单价	金额	税率	税额
甲材料	千克	500	2.00	1 000.00	17%	170.00
价税合计（大写）　壹仟壹佰柒拾元整				（小写）￥1 170.00		

销货单位	名　　称：胜利工厂 纳税人识别号：232784552637621 地址、电话：株洲市航空路5174336 开户行及账号：工行官渡分行	备注	

收款人：　　　复核：　　　开票人：王利　　　销货单位：（章）

收 料 单

供应单位：胜利工厂　　　　　　　　　　　　　　编号：
发票号码：00045685　　　2010 年 12 月 1 日　　　仓库：

第二联：会计部门记账

规格	材料名称	编号	数量		实际价格（元）				合计									
			应收	实收	单位	单价	发票金额	运杂费	千	百	十	万	千	百	十	元	角	分
	甲材料		500	500	千克	2.40	1 000.00	230.00			￥	1	2	3	0	0	0
备注		验收入盖章						合计			￥	1	230.00				

会计　　　出纳　　　复核　　　记账　　　制单 张明

3. 12 月 2 日，采购员刘伟预借差旅费 500 元，以现金支付。

借 据

2010 年 12 月 2 日　　　　　　　　　　　　　　字 1 号

今借人民币（大写）伍佰元整
借　款　原　因　出差采购
部　门　意　见　同意
主管批准意见　同意

批准人（签章）刘明宇　　　　　　借款人（签章）刘伟

4. 12月2日，厂部行政管理部门购买办公用品200元，以现金支付。

湖南省商业零售企业统一发票 №0123256

发 票 联

客户：兴湘股份有限公司   2010 年 12 月 2 日

货号	品名	规格	单位	数量	单价	金额							备注
						万	千	百	十	元	角	分	
	办公用品						￥	2	0	0	0	0	
合计金额（大写）	⊗万⊗仟贰佰零拾零元零角零分			￥200.00									

发票专用章（未盖章无效）：   开票人：李新   收款人：

第二联 付款人报销凭证

5. 12月2日，向乌江工厂购入乙材料4 500千克，单价4元，丙材料6 000千克，单价4.5元，增值税共7 650元，共同运费2 100元，运费以银行存款支付，货款暂欠，材料验收入库。

四川省增值税专用发票

43000452021   **发 票 联**   **No** 00097254

2010 年 12 月 2 日

购货单位	名 称：兴湘股份有限公司 纳税人识别号：430324751104211 地址、电话：长沙市韶山路5975022 开户行及账号：430－990812	密码区	2489－1＜9－7－61596284 加密版本：01 8＜032/52＞9/29533－4974 1626＜8－3024＞82906－2 43000204521 －47－6＜7＞2*－/＞*＞6 00017654

货物或应税劳务名称	计量单位	数量	单价	金额	税率	税额
乙材料	千克	4 500	4.00	18 000.00	17%	3 060
丙材料	千克	6 000	4.50	27 000.00	17%	4 590
价税合计（大写）	伍万贰仟陆佰伍拾元整			（小写）52 650.00		

销货单位	名 称：乌江工厂 纳税人识别号：232785679232421 地址、电话：成都市团结路3130124 开户行及账号：312687	备注	

收款人：   复核：   开票人：杨红   销货单位：（章）

第二联：发票联 购货单位记账凭证

收　料　单

供应单位：乌江工厂　　　　　　　　　　　　　　　　　编号：

发票号码：00097254　　　　2010 年 12 月 2 日　　　　　仓库：

规格	材料名称	编号	数量		实际价格（元）				合　　计									
			应收	实收	单位	单价	发票金额	运杂费	千	百	十	万	千	百	十	元	角	分
	乙材料		4 500	4 500	千克	4.00	18 000.00	900.00		¥	1	8	9	0	0	0	0	0
	丙材料		6 000	6 000	千克	4.50	27 000.00	1 200.00		¥	2	8	2	0	0	0	0	0
备注			验收人盖章						合　计		¥ 47 100							

会计　　　　出纳　　　　复核　　　　记账　　　　制单：张明

第二联：会计部门记账

运杂费分配表

2010 年 12 月 2 日

材料名称	分配标准	分配率	分配金额
乙材料	4 500	0.2	9 000.00
丙材料	6 000	0.2	1 200.00
合　计	10 500		2 100.00

会计主管　　　　会计　　　　制单：陈雨

6.12月3日，11月3日收到的商业承兑汇票到期，票据款10 000元存入银行。

中国工商银行进账单（收账通知）3

2010 年 12 月 3 日 第 4 号

付款人	全　　称	海虹公司	收款人	全　　称	兴湘股份有限公司
	账　　号	431－78944		账　　号	430－990812
	开户银行	中国建设银行城南分行		开户银行	中国工商银行潇湘分行

人民币（大写）	壹万元整	百	十	万	千	百	十	元	角	分
				¥	1	0	0	0	0	0	0

票据种类	商业承兑汇票
票据张数	1 张
单位主管　会计　复核　记账	收款人开户银行盖章 2010 年 12 月 3 日 转讫

此联是银行交收款人的收账通知

7.12月3日，出售A产品100件给红星工厂，单价50元，增值税850元，货款尚未收到。

湖南省增值税专用发票

43000452021　记账联　No 00057682

2010 年 12 月 3 日

购货单位	名　　称：红星工厂 纳税人识别号：430765423542431 地址、电话：长沙市红星路5015727 开户行及账号：312689	密码区	2489－1＜9－7－61596284　加密版本：01 8＜032/52＞9/29533－4974 1626＜8－3024＞82906－2　43000204521 －47－6＜7＞2*－/＞*＞6　00017654

货物或应税劳务名称	计量单位	数量	单价	金额	税率	税额
A产品	件	100	50.00	5 000.00	17%	850.00

价税合计（大写）	伍仟捌佰伍拾元整	（小写）¥5 850.00

销货单位	名　　称：兴湘股份有限公司 纳税人识别号：430324751104211 地址、电话：长沙市韶山路5975022 开户行及账号：430－990812	备注

收款人：　　复核：　　开票人：许义　　销货单位：（章）

第一联：发票联　销货单位记账凭证

8.12月3日，向乌江工厂购进甲材料2000千克，单价2元，增值税680元，材料运到并验收入库，企业开出银行承兑汇票支付款项。（银行承兑汇票2011年1月3日到期；承兑协议编号：00869；交易合同号：200481）。

四川省增值税专用发票

43000452021　　　　发 票 联　　　　No 00097642

2010 年 12 月 3 日

购货单位	名　　　称：兴湘股份有限公司 纳税人识别号：430324751104211 地址、电话：长沙市韶山路5975022 开户行及账号：430-990812	密码区	2489-1＜9-7-61596284　加密版本：01 8＜032/52＞9/29533-4974 1626＜8-3024＞82906-2　43000204521 -47-6＜7＞2*-/>*>6　00017654

货物或应税劳务名称	计量单位	数量	单价	金额	税率	税额
甲材料	千克	2 000	2	4 000.00	17%	680.00

价税合计（大写）	肆仟陆佰捌拾元整	（小写）￥4 680.00

销货单位	名　　　称：乌江工厂 纳税人识别号：232785679232421 地址、电话：成都市团结路3130124 开户行及账号：312687	备注	（成都市乌江工厂销售专用章）

收款人：　　　复核：　　　开票人：杨红

第二联：发票联　购货单位记账凭证

银行承兑汇票（存根）4　　X02391037

签发时期　　　　2010 年 12 月 3 日　　　　第 6 号

付款人	全称	中国工商银行	承兑申请人	全称	兴湘股份公司
	账号	430-880814		账号	430-990812
	开户银行	行号		开户银行	工行潇湘分行

汇票金额	人民币（大写）肆仟陆佰捌拾元整	千	百	十	万	千	百	十	元	角	分
					￥	4	6	8	0	0	0

汇票到期日	2011 年 1 月 3 日

备注	承兑协议编号	交易合同号码
	负责　　经办	（中国工商银行潇湘分行转讫）

第一联　银行开出汇票后交付款人记账

银行承兑汇票 2

X02391035

签发时期　　　　　　　　2010 年 12 月 3 日　　　　　　　第　号

付款人	全　称	中国工商银行	承兑申请人	全　称	兴湘股份公司
	账　号	430－880814		账　号	430－990812
	开户银行	行号		开户银行	中国工商银行潇湘分行

汇票金额	人民币（大写）肆仟陆佰捌拾元整	千	百	十	万	千	百	十	元	角	分
				¥	4	6	8	0	0	0	

汇票到期日	2011 年 1 月 3 日

本汇票请你行承兑，并确认《银行结算办法》和承兑协议的各项规定。

此致

承兑银行

承兑申请人盖章

年　月　日

本汇票经本行承兑，到期日由本行交付。承兑银行盖章。

年　月　日

承兑协议编号

汇票签发人盖章

负责　　经办

交易合同号码

科目（借）＿＿＿＿

对方科目（贷）＿＿＿

日期　　年　月　日

复核　　　记账

转讫

此联收款人请求付款人付款凭证

9.12 月 4 日，企业生产车间接受华盛工厂投入汽车一辆，投资单位账面原值 400 000 元，公允价值 350 000 元。

固定资产验收单

2010 年 12 月 4 日　　　　　　　　编号：011

名称及型号	单位	数量	原始价值	已提折旧	来源方式	协商价格
汽车	辆	1	400 000		投资	350 000
建造单位	建造年份	出厂号	预计使用年限			
云南汽车厂	2000	200018	10 年			
投资单位						
华盛工厂						

投资单位：华盛工厂　　　　　　　　接收单位：兴湘股份公司

10.12月5日，企业于本年9月5日取得3个月的临时借款100 000元到期，年利率5.4%，现一次还本付息，前两个月预提利息900元。

<table>
<tr><td colspan="2">中国工商银行
转账支票存根 （湘）
$\frac{B}{0}\frac{G}{2}$00930321</td><td colspan="3">中国工商银行 转账支票 （湘） 株洲 $\frac{B}{0}\frac{G}{2}$00930321</td></tr>
</table>

中国工商银行
转账支票存根 （湘）

$\frac{B}{0}\frac{G}{2}$00930321

科　目 ＿＿＿＿＿
对方科目 ＿＿＿＿＿
出票日期 2010 年 12 月 5 日

收款人：	中国工商银行
金　额：	1 350.00
用　途：	支付利息

单位主管　　　会计

中国工商银行 转账支票 （湘）　株洲 $\frac{B}{0}\frac{G}{2}$00930321

出票日期（大写）贰零壹零年壹拾贰月零伍日　付款行名称：
收款人：中国工商银行　　　　　　　出票人账号：

人民币（大写）	壹仟叁佰伍拾元整	亿	千	百	十	万	千	百	十	元	角	分
						¥	1	3	5	0	0	0

本支票付款期限十天

用途 支付利息
上列款项请从
我账户内支付
出票人签章

科目（借） ＿＿＿＿＿
对方科目（贷） ＿＿＿＿＿
付讫日期　年　月　日
复核　　　记账

11.12月6日，收到购买外单位股票的股利6 000元存入银行。

No. 5476499　　**中国工商银行转账进账单** （回单） 1

填制日期　　　　2010 年 12 月 6 日　　开户银行：工行　第 30 号

进账单位名称	兴湘股份公司	进账单位账号	430－990812									
款项来源	股利			金　额								
				千	百	十	万	千	百	十	元	角	分
人民币（大写）陆仟元整						¥	6	0	0	0	0	0

付款银行名称	付款单位名称或账号	金　额								
		百	十	万	千	百	十	元	角	分
中国工商银行				¥	6	0	0	0	0	0

中国工商银行潇湘分行 转讫

此联是收款人开户银行收款通知交收款人

12. 12 月 6 日，企业厂部收到外单位捐赠轿车一辆，价值 300 000 元。

固定资产验收单

2010 年 12 月 6 日　　　　　　　　　　　编号：011

名称及型号	单位	数量	原始价值	已提折旧	来源方式	协商价格
轿车	辆	1	300 000	0	接受捐赠	
建造单位	建造年份	出厂号	预计使用年限			
上海大众汽车厂	2003 年	200120				
捐赠单位						
普济公司						

捐赠单位：普济公司　　　　　　　　接收单位：兴湘股份有限公司

13. 12 月 7 日，以银行存款支付下年度厂部的财产保险费 7 200 元。

中国人民保险公司湖南省分公司

财产保险单（正本）　　　　　　　编号：No. 25133

被保险人：兴湘股份公司　　坐落于：　　　　下列财产

保险财产项目	厂部财产	特别约定	
此保险金额：人民币壹佰万元整		￥：1 000 000.00	
保险费：人民币柒仟贰佰元整		￥：7 200.00	
保险期限：自 2011 年 1 月 1 日起至 2011 年 12 月 31 日止			
签章：　　复核：　　收款：　　代办单位：		代办员：	
保险公司公章（盖章有效）		签章日期：2010 年 12 月 7 日	
保险公司地址：长沙市芙蓉路 2687 号		电话：0731 - 4787965	

14. 12 月 7 日，以银行存款支付长沙市自来水公司本月水费，其中：生产车间 1 524 元，厂部 476 元。

湖南省增值税专用发票

43000452021 　　发 票 联　　 No 00035412

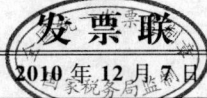

2010 年 12 月 7 日

购货单位	名　　称：兴湘股份公司 纳税人识别号：430324751104211 地址、电话：0731-5975022 开户行及账号：430-990812	密码区	2489-1<9-7-61596284 8<032/52>9/29533-4974 1626<8-3024>82906-2 -47-6<7>2*-/>*>6	加密版本：01 43000204521 00017654

货物或应税劳务名称	计量单位	数量	单价	金额	税率	税额
自来水	吨	2 000	1.00	2 000.00	13%	260.00

价税合计（大写）	贰仟贰佰陆拾元整	（小写）￥2 260.00

销货单位	名　　称：长沙市自来水公司 纳税人识别号：432651987564133 地址、电话：2678985 开户行及账号：985467	备注	长沙市自来水公司 10.12.07 发票专用章

收款人：　　　复核：　　　开票人：张利　　　销货单位：（章）

第二联：发票联　购货单位记账凭证

中国工商银行 （湘） 转账支票存根 B G 0 2 00930310 科　　目 _____ 对方科目 _____ 出票日期 2010 年 12 月 7 日 收款人：长沙市自来水公司 金　额：2 260.00 用　途：支付水费 单位主管　　会计

中国工商银行 转账支票 （湘）　　株洲 B G 0 2 00930310

出票日期（大写）贰零壹零年壹拾贰月零柒日　　付款行名称：

本支票付款期限十天

收款人：长沙市自来水公司　　出票人账号：

人民币 （大写）	贰仟贰佰陆拾元整	亿	千	百	十	万	千	百	十	元	角	分
					￥	2	2	6	0	0	0

用途 支付水费

上列款项请从
我账户内支付

出票人签章

科目（借）_____
对方科目（贷）_____
付讫日期　年　月　日
复核　　记账

水 费 分 配 表

2010 年 12 月 7 日

部 门	分配标准	分配率	分配金额
生产车间	1524 吨	1.00	1 524
厂 部	476 吨	1.00	
合 计	2 000 吨		2 000.00

会计主管　　　　　会计　　　　　制单：陈雨

15. 12 月 8 日，签发支票从银行提取现金 80 000 元，以备发放职工薪酬。

中国工商银行 （湘）现金支票存根　B／0　G／2 10255056	中国工商银行 现金支票（湘）　株洲 B／0 G／2 10255056
科　　目 _____ 对方科目 _____ 出票日期 2010 年 12 月 8 日	出票日期（大写）贰零壹零年壹拾贰月零捌日　付款行名称： 收款人：本公司　出票人账号： 人民币（大写）捌万元整　￥80000000
收款人：本公司 金　额：80 000.00 用　途：备用金	用途 支付职工薪酬　科目（借）_____ 上列款项请从　对方科目（贷）_____ 我账户内支付　付讫日期 年 月 日 出票人签章　复核　记账
单位主管　　会计	贴对号单处 B／0 G／2 10255056

16. 12 月 8 日，经批准将确实无法支付大发工厂的应付账款 2 000 元转作营业外收入。

应付账款转作营业外收入计算表

2010 年 12 月 8 日

应付单位	应付金额	应付账款转作资本公积原因
大发工厂	2 000.00	无法支付

批准单位：　　　　　负责人：

17.12 月 9 日，采购员刘伟出差归来，报销差旅费 450 元，余款交回现金。

差 旅 费 报 销 单

单位名称：　　　　　　　　填报日期 2010 年 12 月 9 日　　　　　　　　单位：元

姓名	刘伟	职级		采购员	出差事由	采购	出差时间	计划 9 天			备注
								实际 8 天			
日期		起 止 地 点		飞机、车、船票		其 他 费 用					
月	日	起	止	类别	金额	项目		标准	计算天数	核报金额	
12	2	长沙	株洲	汽车	15.00	住宿费	包干报销	40.00	8	320.00	
12	9	株洲	长沙	汽车	15.00		限额报销				
						伙 食 补 助 费		10.00	8	80.00	
						车、船 补 助 费					
						其 他 杂 支				20.00	
		小　　计			30.00	小　　计				420.00	
总计 金额（大写）		⊗万⊗仟肆佰伍拾零元零角零分				预支 500.00　　核销 450.00　　退补 50.00					

主管：　　　　　部门：　　　　　审核：　　　　　填报人：刘伟

18.12 月 10 日，发放本月职工薪酬 80 000 元。

职工薪酬结算汇总表

2010 年 12 月 10 日

部　门	基本工资	岗位工资	工龄工资	应扣病事假工资	各种补贴	应付职工薪酬
生产工人	32 000	18 500	1 000	500	9 000	60 000
车间管理人员	2 600	700	730	30	1 000	5 000
厂部管理人员	7 250	6 550	500	250	950	15 000
合　计	41 850	25 750	2 230	780	10 950	80 000

19.12 月 11 日，企业开出并承兑商业承兑汇票一张，面值 52 650 元，以抵付前欠长江工厂货款。

商业承兑汇票 1

V13192979

签发时期　　　　　　　　　2010 年 12 月 11 日　　　　　　　　　第　号

付款人	全　称	兴湘股份公司		收款人	全　称	长江工厂
	账　号	430 - 990812			账　号	430 - 679816
	开户银行	工行	行号		开户银行	中国工商银行

汇票金额	人民币（大写）伍万贰仟陆佰伍拾元整	千	百	十	万	千	百	十	元	角	分
				￥	5	2	6	5	0	0	0

汇票到期日	2011 年 2 月 11 日	交易合同号	

本汇票已经本单位承兑，到期无条件支付票款。

此致

收款人　　付款人盖章

　　　　　承兑申请人盖章

负责　　经办　　年　月　日

备注

此联承兑人（付款人）留存

20.12 月 11 日，预提本月生产车间固定资产修理费 800 元。

预提费用计算表

2010 年 12 月 11 日

预提费用名称	预提比率	预提金额
生产车间固定资产修理费	2%	800.00
合　计		800.00

会计主管　　　　　　会计　　　　　　制单：陈雨

21.12 月 12 日，销售给新明公司 B 产品 450 件，每件售价 100 元，价款 45 000 元，增值税 7 650 元。对方开出银行承兑汇票一张支付货款。

湖南省增值税专用发票

43000452021　　　发 票 联　　　No 00057683

2010 年 12 月 12 日

第三联：记账联 销货单位记账凭证

购货单位	名　　称：新明公司		密码区	2489−1<9−7−61596284　加密版本：01	
	纳税人识别号：432785679232425			8<032/52>9/29533−4974	
	地址、电话：8014738			1626<8−3024>82906−2　43000204521	
	开户行及账号：312699			−47−6<7>2*−/>*>6　00017654	

货物或应税劳务名称	计量单位	数量	单价	金额	税率	税额
B 产品	件	450	100	4 500.00	17%	7 650.00

价税合计（大写）	伍万贰仟陆佰伍拾元整	（小写）￥52 650.00

销货单位	名　　称：兴湘股份公司	备注
	纳税人识别号：430324751104211	
	地址、电话：0731−5975022	
	开户行及账号：430−990812	

收款人：　　　复核：　　　开票人：许义　　　销货单位专（章）发票专用章

银行承兑汇票 2

　　　　　　　　　　　　　　　　　　　　　　　VⅠⅡ02391037

签发时期　　　　　　贰零壹零年壹拾贰月壹拾贰日　　　　　第　号

付款人	全　称	新明公司		承兑申请人	全　称	兴湘股份公司
	账　号	312699			账　号	430−990812
	开户银行		行号		开户银行	中国工商银行潇湘分行

汇票金额	人民币（大写）伍万贰仟陆佰伍拾元整	千	百	十	万	千	百	十	元	角	分
				￥	5	2	6	5	0	0	0

汇票到期日	2011 年 4 月 12 日

此联收款人请求付款人付款凭证

本汇票请你行承兑，并确认《银行结算办法》和承兑协议的各项规定	承兑协议编号	00870	交易合同号码	200489
此致 承兑银行 承兑申请人盖章 2010 年 12 月 12 日	汇票签发人盖章 负责　　经办	科目（借）＿＿＿ 对方科目（贷）＿＿＿ 转账 日期　年　月　日 复核　　记账		

本汇票经本行承兑，到期日由本行交付。承兑银行盖章。 年　月　日

22.12 月 12 日，以现金支付汇兑手续费 200 元。

收　据

付款单位：兴湘股份公司　　　　2010 年 12 月 12 日　　　　No. 5456

项　目	手续费率	金　额
汇兑手续费	0.38 %	200.00
合计人民币（大写）贰佰元整		200.00

收款单位盖章（未盖章无效）　　　经办：　　　收款：　　　复核：

23.12 月 13 日，以银行存款 10 000 元捐赠给贫困地区某小学。

中国工商银行 （湘） 转账支票存根 $\frac{B\ G}{0\ 2}$00930330 科　目 _____ 对方科目 _____ 出票日期　2010 年 12 月 13 日 收款人：城西小学 金　额：10 000.00 用　途：捐赠 单位主管　　　会计	中国工商银行 转账支票（湘）　株洲 $\frac{B\ G}{0\ 2}$00930330

中国工商银行 转账支票（湘）株洲 $\frac{B\ G}{0\ 2}$00930330

出票日期（大写）贰零壹零年壹拾贰月壹拾叁日　付款行名称：
收款人：城西小学　　　　　　出票人账号：

人民币（大写）	壹万元整	亿	千	百	十	万	千	百	十	元	角	分
					¥	1	0	0	0	0	0	0

用途　捐赠　　　　　　科目（借）_____
上列款项请从　　　　　对方科目（贷）_____
我账户内支付　　　　　转账日期　年　月　日
出票人签章　　　　　　复核　　记账

湖南省事业性收费收款收据

交款单位：　　　　2010 年 12 月 13 日　　　No.0233268

收费项目	收费标准	金额										②收据联付款人报销凭证
		千	百	十	万	千	百	十	元	角	分	
贫困地区捐款					1	0	0	0	0	0	0	
合计				¥	1	0	0	0	0	0	0	

合计金额（大写）⊗仟⊗佰⊗拾壹万零仟零拾零元零角零分

收款单位盖章（未盖章无效）　　会计主管：　　　收款人：赵新

24.12 月 14 日，根据本月领料凭证编制本月发出材料的汇总原始凭证。

发料凭证汇总表

2010 年 12 月 14 日

项　目		甲材料			乙材料			丙材料			金额合计（元）
		数量（千克）	单价	金额（元）	数量（千克）	单价	金额（元）	数量（千克）	单价	金额（元）	
产品耗用	A 产品	3 000	2	6 000	1 500	4	6 000	2 000	4.5	9 000	21 000
	B 产品				1 900	4	7 600	8 000	4.5	36 000	43 600
车间一般耗用		100	2	200	250	4	1 000	1 000	4.5	4 500	5 700
行政管理部门耗用											
合　计		3 100	2	6 200	3 650	4	14 600	11 000	4.5	49 500	70 300

会计主管　　　　　　　会计　　　　　　　制单：陈雨

25.12 月 15 日，本月售给红星工厂 A 产品的货款收到存入银行。

No. 5416501　　**中国工商银行转账进账单**（回单）1

2010 年 12 月 15 日　　　开户银行：　　　第 37 号

进账单位名称	兴湘股份公司		进账单位账号		430 - 990812								
款项来源	销货款				金　额								
					千	百	十	万	千	百	十	元	角	分
人民币（大写）伍仟捌佰伍拾元整							¥	5	8	5	0	0	0
付款银行名称	付款单位名称或账号	金　额											
		百	十	万	千	百	十	元	角	分			
中国建行	312699		¥	5	8	5	0	0	0				

此联是收款人开户银行交收款人的收款通知

26. 12 月 16 日，生产车间将使用过的机器一台出售，原始价值 30 000 元，已提折旧 10 000 元，双方协商价格为 15 000 元，款项收到存入银行。

固定资产清理收益或损失计算表

金额单位：元　　　　　　　　2010 年 12 月 16 日

名称及规格	PLG 生产设备	单　位	台	数　量	1
原始价值	30 000.00	已提折旧	10 000.00	净值	20 000.00
变价收入	15 000.00	清理费			
结转	清理收益	5 000.00			
	清理损失				

会计主管　　　　　　会计　　　　　　制单：陈雨

No. 5416505　　**中国工商银行转账进账单**（回单）1

2010 年 12 月 16 日　　　开户银行：工行　　第　号

进账单位名称	兴湘股份公司	进账单位账号	430 -990812									
款项来源	出售旧机器	金额										
		千	百	十	万	千	百	十	元	角	分	
人民币（大写）				¥	1	5	0	0	0	0	0	

付款银行名称	付款单位名称或账号	金额								
		百	十	万	千	百	十	元	角	分
工行	431 -236798		¥	1	5	0	0	0	0	0

中国工商银行潇湘分行
转讫

此联是收款人开户银行交收款人的收款通知

27. 12 月 16 日，以银行存款 1 000 元支付上月转让无形资产应交的营业税，并按应纳营业税的 7%、3%缴纳城建税及教育费附加（营业税税率 5%）。

营 业 税 计 算 表

2010 年 12 月 16 日

项　目	营业收入	营业税	城建税	教育费附加
转让无形资产		1 000.00	70.00	30.00
合　计			70.00	30.00

会计主管　　　　　　会计　　　　　　制单：陈雨

湖南省工商企业营业税纳税申报表

所属时间 **2010** 年 **11** 月 企业代码_____ 税务登记号码 **430324751104211**

申报单位（全称）**兴湘股份有限公司** 经济性质 **民营企业**

地址 **长沙市韶山路 999 号** 开户银行 **中国工行潇湘分行** 账号 **430－990812** 金额单位：元

税目	征税项目	纳（免）税营业额	税率	本月应纳税额					
				应交		已交		未交（溢交）	
				当月数	累计数	当月数	累计数	当月数	累计数
营业税	营业收入		5％						1 000.00
城建税			7％						70.00
教育费附加			3％						30.00
合 计		壹仟壹佰元整						￥1 100.00	

申报单位（盖章） 财务负责人 申报日期 **2010** 年 **11** 月 **30** 日 限交日期 **2010** 年 **12** 月 **16** 日

负责人 核收入 核收日期 **2010** 年 **12** 月 **16** 日

填表说明：（1）企业代码指由本市技监部门颁发的全国统一代码证书号码；

（2）本表第三栏的"纳税营业额"与"免税营业额"应分别填列；

（3）本表一式三份，税务机关留存一份，退企业一份。

28.12 月 17 日，销售给宏达公司 A 产品 1 000 件，每件 50 元，B 产品 1 000 件，每件 90 元，增值税 23 800 元，款项收到并存入银行。

湖南省增值税专用发票

43000452021 记 账 联 No **00057684**

2010 年 12 月 17 日

购货单位	名 称：宏达公司		密码区	2489 1＜9－7－61596284 加密版本：01
	纳税人识别号：232782137654523			8＜032/52＞9/29533－4974
	地址、电话：5231765			1626＜8－3024＞82906－2 43000204521
	开户行及账号：工行五华分行			－47－6＜7＞2*－/＞*＞6 00017654

货物或应税劳务名称	计量单位	数量	单价	金额	税率	税额
A 产品	件	1 000	50	50 000.00	17％	8 500.00
B 产品	件	1 000	90	90 000.00	17％	15 300.00

价税合计（大写）	壹拾陆万叁仟捌佰元整	（小写）163 800.00

销货单位	名 称：兴湘股份公司	备注
	纳税人识别号：430324751104211	
	地址、电话：5975022	
	开户行及账号：430－990812	

收款人： 复核： 开票人：**许义** 销货单位发票专用章

第三联：记账联 销货单位记账凭证

No. 5416505　　**中国工商银行转账进账单** (回单) 1

2010 年 12 月 16 日　　开户银行：　　第　号

进账单位名称		兴湘股份公司		进账单位账号		430－990812									
款项来源		销售商品				金 额									
						千	百	十	万	千	百	十	元	角	分
人民币（大写）壹拾陆万叁仟捌佰元整							¥	1	6	3	8	0	0	0	0
付款银行名称	付款单位名称或账号	金 额													
		百	十	万	千	百	十	元	角	分					
工行	宏达公司	¥	1	6	3	8	0	0	0	0					

此联是收款人开户银行通知交收款人的收款

29. 12 月 18 日，以银行存款支付销售 A 产品运费 500 元，B 产品广告费 1 000 元。

湖南省运输公司

发 票 联　　　　No：523468

付款单位：兴湘股份公司　　2010 年 12 月 18 日

货物名称	计量单位	数量	费用项目	费率	金 额						
					万	千	百	十	元	角	分
A 产品	件	1 000				¥	5	0	0	0	0
合计			（大写）伍佰元整				¥ 500.00				

收款单位盖章（未盖章无效）　　　收款　　　　开票：张仟

湖南省广告业专用发票

发票联

No：**007345**

客户名称：兴湘股份公司　　2010 年 12 月 18 日

品　名	数　量	单　价	金　额						
			万	千	百	十	元	角	分
B 产品	1 000 件		¥	1	0	0	0	0	0
累计金额（大写）　壹仟元整					¥ 1 000.00				

收款单位盖章（未盖章无效）　　　收款　　　　开票

中国工商银行（湘）
转账支票存根

$\frac{B}{0}\frac{G}{2}$ 00930331

科　　目 ＿＿＿＿＿＿

对方科目 ＿＿＿＿＿＿

出票日期　2010 年 12 月 18 日

收款人：广达运输公司
金　额：500.00
用　途：运费

单位主管　　　会计

中国工商银行 **转账支票**（湘）　株洲　$\frac{B}{0}\frac{G}{2}$ 00930331

出票日期（大写）贰零壹零年壹拾贰月壹拾捌日　付款行名称：

收款人：广达运输公司　　　　　　　出票人账号：

人民币（大写）	伍佰元整	亿	千	百	十	万	千	百	十	元	角	分
									¥	5	0	0	0	0

用途　运费　　　　　　　科目（借）＿＿＿＿＿

上列款项请从　　　　　　对方科目（贷）＿＿＿＿＿

我账户内支付　　　　　　转账日期　年　月　日

出票人签章　　　　　　复核　　记账

本支票付款期限十天

中国工商银行（湘）
转账支票存根

$\frac{B}{0}\frac{G}{2}$ 00930332

科　　目 ＿＿＿＿＿＿

对方科目 ＿＿＿＿＿＿

出票日期　2010 年 12 月 18 日

收款人：天天广告公司
金　额：1 000.00
用　途：广告费

单位主管　　　会计

中国工商银行 **转账支票**（湘）　株洲　$\frac{B}{0}\frac{G}{2}$ 00930332

出票日期（大写）贰零壹零年壹拾贰月壹拾捌日　付款行名称：

收款人：天天广告公司　　　　　　　出票人账号：

人民币（大写）	壹仟元整	亿	千	百	十	万	千	百	十	元	角	分
							¥	1	0	0	0	0	0

用途　广告费　　　　　　科目（借）＿＿＿＿＿

上列款项请从　　　　　　对方科目（贷）＿＿＿＿＿

我账户内支付　　　　　　转账日期　年　月　日

出票人签章　　　　　　复核　　记账

本支票付款期限十天

30. 12 月 19 日，接银行付款通知，支付本月电费 2 000 元，其中生产车间 1 500 元，管理部门 500 元。

湖南省增值税专用发票

43000452021　　　　发 票 联　　　　No 000877251

2010 年 12 月 19 日

购货单位	名　　称：兴湘股份公司		密码区	2489-1<9-7-61896284	加密版本：01
	纳税人识别号：430324751104211			8<032/52>9/29533-4974	
	地址、电话：5975022			1626<8-3024>82906-2	43000204521
	开户行及账号：430-990812			-47-6<7>2*-/>*>6	00017654

货物或应税劳务名称	计量单位	数量	单价	金额	税率	税额
电	度	5 000	0.4	2 000	17%	340

价税合计（大写）	贰仟叁佰肆拾元整	（小写）¥ 2 340.00

销货单位	名　　称：长沙电力股份公司	备注
	纳税人识别号：521798062483642	
	地址、电话：5172579	
	开户行及账号：657842	

长沙市电力股份有限公司 发票专用章

收款人：　　　复核：　　　开票人：赵力　　　销货单位：（章）

第二联：发票联 购货单位记账凭证

中国工商银行 （湘） 转账支票存根	中国工商银行 转账支票 （湘）	株洲 B0/G2 00930333

B0/G2 00930333

科　目 _____
对方科目 _____
出票日期 2010 年 12 月 19 日

收款人：长沙电力股份公司	
金　额：2 340.00	
用　途：电费	

单位主管　　　会计

出票日期（大写）贰零壹零年壹拾贰月壹拾玖日　　付款行名称：
收款人：长沙电力股份公司　　　　出票人账号：

本支票付款期限十天

人民币（大写）	贰仟叁佰肆拾元整	亿	千	百	十	万	千	百	十	元	角	分
						¥	2	3	4	0	0	0

用途 电费　　　　科目（借）_____
上列款项请从　　　　对方科目（贷）_____
我账户内支付　　　　转账日期　年　月　日
出票人签章　　　　复核　　记账

电 费 分 配 表

2010 年 12 月 19 日

部门	分配标准	分配率	分配金额
生产车间	3 750kwh	0.4	1 500.00
管理部门	1 250kwh	0.4	500.00
合 计	5 000kwh		2 000.00

会计主管　　　　　会计　　　　　　制单：陈雨

31.12 月 20 日，开出转账支票一张，购入生产用机器一台，价款 3 000 元，安装调试费 300 元，运杂费 500 元（运杂费以现金支付）。

湖南省服务业发票
发 票 联

No：0024786

付款单位：兴湘股份公司　　　　2010 年 12 月 20 日

品名或项目	规格	单位	数量	单价	十	万	千	百	十	元	角	分
机器设备		台	1	3 000.00		¥	3	0	0	0	0	0
安装费							3	0	0	0	0
累计金额（大写）叁仟叁佰元整				¥ 3 300.00								

服务单位盖章（本章盖章无效）电话　　　复核　　　　收款　　　　制单：俞军

中国工商银行 转账支票存根　　（湘）

B/0 G/2 00930334

科　　目 _____
对方科目 _____
出票日期 2010 年 12 月 20 日
收款人：长沙宏伟安装有限公司
金　额：3 300.00
用　途：机器及安装费
单位主管　　　会计

中国工商银行 转账支票 （湘）　株洲 B/0 G/2 00930334

出票日期（大写）贰零壹零年壹拾贰月贰拾日　付款行名称：
收款人：　　　　　　　　　　出票人账号：

人民币（大写）	叁仟叁佰元整	亿	千	百	十	万	千	百	十	元	角	分
						¥	3	3	0	0	0	0

用途 机器设备款　　　　科目（借）_____
上列款项请从　　　　对方科目（贷）_____
我账户内支付　　　　转账日期 年 月 日
出票人签章　　　　　复核　　记账

本支票付款期限十天

湖南省公路运费发票

发 票 联

发货单位：长沙宏伟安装公司　2010 年 12 月 20 日　　　　N o 006768

发　站		长沙		到　站	长沙
货物名称	件　数	包　装	重　量		计费重量
机器设备	1 台				
类　别	费　率	数　量		金　额	
		1 台		500.00	
合计金额（大写）：伍佰元整				￥500.00	
收货单位：　　　　经办人：					

第二联　付款人报销凭证

32.12 月 21 日，销售给南方公司甲材料 1000 千克，单价 3 元，开出增值税专用发票，价款 3 000 元，增值税额 510 元，款项收到存入银行。

湖南省增值税专用发票

43000452021　　　## 记 账 联　　　N o 00057685

2010 年 12 月 21 日

购货单位	名　称：南方公司			密码区	2489-1<9-7-61596284　加密版本：01	第三联：记账联　销货单位记账凭证
	纳税人识别号：432732157694322				8<032/52>9/29533-4974	
	地址、电话：5151311				1626<8-3024>82906-2　43000204521	
	开户行及账号：9870228203282034672				-47-6<7>2*-/>*>6　00017654	

货物或应税劳务名称	计量单位	数量	单价	金额	税率	税额
甲材料	千克	1 000.00	3.00	3 000.00	17%	510.00

价税合计（大写）	叁仟伍佰壹拾元整	（小写）￥3 510.00

销货单位	名　称：兴湘股份公司	备注
	纳税人识别号：430324751104211	
	地址、电话：5975022	
	开户行及账号：430-990812	

收款人：　　　复核：　　　开票人：许义　　　销货单位：（章）

发票专用章

中国工商银行进账单（收账通知）

2010 年 12 月 21 日　　　　　　　　　　　　第 02 号

<table>
<tr><td rowspan="3">收款人</td><td>全　　称</td><td>兴湘股份公司</td><td rowspan="3">付款人</td><td>全　　称</td><td colspan="9">南方公司</td></tr>
<tr><td>账　　号</td><td>430 - 990812</td><td>账　　号</td><td colspan="9">9870228203282034672</td></tr>
<tr><td>开户银行</td><td>中国工商银行潇湘分行</td><td>开户银行</td><td colspan="9">中国工商银行雨花支行</td></tr>
<tr><td colspan="3" rowspan="2">人民币（大写）叁仟伍佰壹拾元整</td><td>百</td><td>十</td><td>万</td><td>千</td><td>百</td><td>十</td><td>元</td><td>角</td><td>分</td></tr>
<tr><td></td><td></td><td>¥ 3</td><td>5</td><td>1</td><td>0</td><td>0</td><td>0</td><td>0</td></tr>
<tr><td>票据种类</td><td colspan="2"></td><td colspan="9" rowspan="2">收款人开户银行盖章
年　月　日</td></tr>
<tr><td>票据张数</td><td colspan="2"></td></tr>
<tr><td colspan="3">单位主管　　会计　　复核　　记账</td><td colspan="9"></td></tr>
</table>

此联是银行交收款人的收账通知

33. 12 月 21 日，结转上述甲材料成本 2 000 元。

已销商品成本计算单

2010 年 12 月 21 日

产品名称	数　量	单　价	金　额
甲材料	1 000 千克	2.00	2 000.00
合　计			2 000.00

会计主管　　　　　　复核　　　　　　记账　　　　　　制单：陈雨

34.12 月 23 日，计提本月固定资产折旧，月折旧率 0.6％，其中：生产车间用固定资产提 3 600 元，厂部管理部门用固定资产提 2 400 元。

固定资产折旧计算表

2010 年 12 月 23 日

使用部门或用途	月初固定资产原值	月综合折旧率	月折旧额
生产车间	600 000.00		3 600.00
厂部管理部门	400 000.00		2 400.00
		0.6％	
合 计	1 000 000.00		6 000.00

会计主管　　　　　复核　　　　　记账　　　　　制单：陈雨

35.12 月 23 日，以现金 800 元支付生产车间的固定资产修理费。

湖南省修理修配发票

发 票 联

1430002043031

N o00001228

2010 年 12 月 23 日　　　客户：兴湘股份公司　　　　　地址：中山路 128 号

工作单位		修理类别		车牌型号		入厂： 年 月 日							
牌照号码		别		送修人		出厂： 年 月 日							
计 费 项 目						超过拾万元无效	金额						③收款单位记账凭证
							万	千	百	十	元	角	分
修理工时费附结算明细表		张	号					￥	8	0	0	0	0
修理材料费附结算明细表		张	号										
配件、材料管理费													
附清单													
合计金额（大写）	⊗万⊗仟捌佰零拾零元零角零分						￥800.00						

开票人：蒋英　　　　　收款单位章（未盖章无效）

兴旺股份有限公司现金付讫凭单

2010 年 12 月 23 日 第 号

付款内容	汽车修理费	现金付讫
金额（大写）捌佰元整		￥800.00
备注：		

会计主管： 复核： 批准部门： 收款人：刘军

36.12 月 24 日，分配并结转本月职工薪酬 91 200 元，其中：A 产品生产工人薪酬 45 600 元，B 产品生产工人薪酬 22 800 元，车间管理人员薪酬 5 700 元，厂部管理人员薪酬 17 100 元。

职工薪酬分配表

2010 年 12 月 24 日

部 门	应付职工薪酬
A 产品生产工人	45 600.00
B 产品生产工人	22 800.00
车间管理人员	5 700.00
厂部管理人员	17 100.00
合 计	91 200.00

会计主管 复核 记账 制单：陈雨

37.12 月 26 日，摊销本月应负担的报刊订阅费 120 元。

待摊费用分配表

2010 年 12 月 26 日

部 门	报刊费	开办费
厂部管理部门	120	
合 计	120.00	

会计主管　　　　　　复核　　　　　记账　　　　　制单：陈雨

38.12 月 28 日，企业进行盘点，发现甲材料短缺 1000 千克，单价 2 元，申报上级主管部门处理。12 月 29 日，盘亏甲材料批准处理，定额内损耗 100 千克作管理费用，800 千克的火灾非常损失，其中向保险公司索赔 1 000 元，其余列作营业外支出，另外100 千克系管理人员王珍管理不善造成，由其赔偿。

兴湘股份有限公司财产物资盘盈盘亏报告单

2010 年 12 月 28 日

类别：

名称	规格	单位	单价	账面数		清点数		盘盈		盘亏		备注
				数量	金额	数量	金额	数量	金额	数量	金额	
甲材料		千克	2							1 000	2 000	
合计										1 000	2 000	

分析原因：火灾及人为事故　　　　　　审批意见：同意
　　　　　　　　　　　　　　　　　　厂委员会、生产副厂长

单位（盖章）　　　　财务科负责人　　　　制表：陈雨

财务专用章

39.12 月 31 日，用生产工时分配并结转本月制造费用，其中 A 产品生产工时 8 000 小时，B 产品 4 000 小时。

制造费用分配表

2010 年度

产　品	一车间制造费用			二车间制造费用			分配额合计
	分配标准 （实际生产工时）	分配率	分配额	分配标准 （实际生产工时）	分配率	分配额	
A 产品	8 000.00						
B 产品	4 000.00						
合　计	12 000.00						

会计主管　　　　　　　复核　　　　　　　记账　　　　　　制单：陈雨

40.12 月 31 日，结转本月完工入库产品生产成本，A 产品完工 1 905 件，单位成本 40 元，B 产品 890 件，单位成本 80 元。

成 本 计 算 表

生产车间：　　　　　　　　2010 年 12 月 31 日　　　　　　　　产品名称：

项　目	材　料	人　工	制造费	其　他	合　计
月初					
本月投入					
合　计					
完工成本					
在产品成本					
单位成本					

会计主管　　　　　　　复核　　　　　　　记账　　　　　　制单

成 本 计 算 表

生产车间：　　　　　　　　2010 年 12 月 31 日　　　　　　　　产品名称：

项　目	材　料	人　工	制造费	其　他	合　计
月初					
本月投入					
合　计					
完工成本					
在产品成本					
单位成本					

会计主管　　　　　　　复核　　　　　　　记账　　　　　　制单

41.12 月 31 日，结转本月产品销售成本，其中 A 产品 1 100 件，单位成本 40 元，B 产品 1 450 件，单位成本 80 元。

已销产品成本计算单
2010 年 12 月 31 日

产　品	数　量	单　位	单　价	实际成本
A 产品				
B 产品				
合　计				

会计主管　　　　　复核　　　　　记账　　　　　制单

42.12 月 31 日，根据本月应交增值税额的 7%、3% 计算本月应交城建税及教育费附加。

营业税金及附加计算表
2010 年 12 月 31 日

项　目	金　额
销项税额①	
进项税额②	
进项税额转出③	
应纳增值税额④	
应交城建税⑤	
应交教育费附加⑥	

会计主管　　　　　复核　　　　　记账　　　　　制单

43.12 月 31 日，结转本月的各项收入以及结转本月应计入当期损益的各项支出、费用。

12 月末各损益账户期末余额结转表

2010 年 12 月 31 日

各损益账户的名称	本年利润		
	借　方	贷　方	余　额
一、借方余额：主营业务成本			
销售费用			
营业税金及附加			
其他业务成本			
管理费用			
财务费用			
营业外支出			
所得税费用			
二、贷方余额：主营业务收入			
其他业务收入			
投资收益			
营业外收入			
合　计			

44.12 月 31 日，计算并结转本月应交所得税（不考虑纳税调整事项，所得税率 25％）。

所得税费用计算表（简表）

2010 年度

应纳税所得额	税　率（25％）	应纳所得税额

45.12 月 31 日，结转本月净利润，按全月净利润的 10％、5％分别提取法定盈余公积金和任意盈余公积，按全月净利润的 20％向投资者分配利润。

利润分配情况

2010 年度

摘　要	金　额
一、全年实现利润总额	
应交所得税	
已交所得税	
二、税后利润	
三、分配情况	
提取法定盈余公积	
提取任意盈余公积	
向投资者分配利润	
四、未分配利润	

46.12 月 31 日，结转全月已分配利润。

结转未分配利润表

2010 年 12 月 31 日

项　目		利润分配（未分配利润）	本年利润
利润分配	盈余公积		
	应付股利		
	未分配利润		
合计			

【实训要求】

根据资料练习科目汇总表核算程序，并写出实训报告。

实 训 报 告

年　月　日

专业		班级		姓名	
实训时间					
实训地点					
实训目的					
实训内容					
实训步骤					
实训心得体会					
指导老师评语					

指导教师：　　　　　　　　　　　　年　月　日

第2部分

基础会计习题

第一章 总 论

一、单项选择题

1. 会计所使用的主要计量尺度是（　　）。

A. 实物量度　　　　B. 劳动量度　　　C. 货币量度　　　D. 实物量度和货币量度

2. 会计的基本职能是（　　）。

A. 核算和管理　　　B. 控制和监督　　C. 核算和监督　　D. 核算和分析

3. 会计的一般对象可以概括为（　　）。

A. 经济活动　　　　　　　　　B. 再生产过程中的资金运动

C. 生产活动　　　　　　　　　D. 管理活动

4. 下列业务不属于会计核算范围的事项是（　　）。

A. 用银行存款购买材料　　　　B. 生产产品领用材料

C. 企业自制材料入库　　　　　D. 与外企业签定购料合同

5. 会计主体假设规定了会计核算的（　　）。

A. 时间范围　　　　B. 空间范围　　　C. 期间费用范围　　D. 成本开支范围

6. 下列属于收益性支出的有（　　）。

A. 建造房屋的各项支出　　　　B. 长期股票投资支出

C. 生产工人工资　　　　　　　D. 为取得专利权发生的支出

7. 下列各项中适用于划分各会计期间收入和费用的原则是（　　）。

A. 实际成本计价原则　　　　　B. 一致性原则

C. 权责发生制原则　　　　　　D. 谨慎性原则

8. 下列各项中适用于财产计价的原则是（　　）。

C. 固定资产折旧支出　　　　　　D. 为取得专利权发生的支出

E. 职工工资支出

3. 根据权责发生制原则，下列各项中应计入本期收入和费用的是(　　)。

A. 本期销售货款收存银行　　　　B. 上期销售货款本期收存银行

C. 本期预收下期货款存入银行　　D. 计提本期固定资产折旧费

E. 以银行存款支付下期的报刊费

4. 如果将一笔收益性支出按资本性支出处理，就会(　　)。

A. 少计资产价值　　　　　　　　B. 多计资产价值

C. 少计费用　　　　　　　　　　D. 多计费用　　　　　E. 多计净利润

5. 下列业务不属于会计核算范围事项的是(　　)。

A. 用银行存款购买材料　　　　　B. 编制财务计划

C. 企业自制材料入库　　　　　　D. 与外企业签定购料合同

E. 产品完工验收入库

6. 我国会计法规制度主要有以下内容(　　)。

A. 会计法　　B. 会计准则　　C. 会计核算制度

D. 综合性的会计规章　　　　　　E. 会计人员方面的规范

7. 下列属于会计档案的是(　　)。

A. 会计凭证　　B. 会计账簿　　C. 会计报表　　D. 银行对账单　　E. 经济合同

8. 下列会计档案应保管 15 年(　　)。

A. 原始凭证　　　B. 总账　　　C. 会计移交清册

D. 银行余额调节表　　　　　　　E. 年度会计报表

9. 会计工作岗位，可以(　　)。

A. 一人一岗　　B. 一人多岗　　C. 一岗多人

D. 出纳兼会计档案保管工作　　　E. 出纳兼记固定资产明细账

三、判断题

1. 会计分期不同，对利润总额会产生影响。(　　)

2. 我国所有企业的会计核算都必须以人民币作为记账本位币。(　　)

3. 权责发生制是以权益、责任是否发生为标准来确定本期收益和费用。(　　)

4. 历史成本原则是指在会计核算中，对取得的各种财产和物资、形成的各种权益和债务，都应以实际发生的成本作为计价基础。(　　)

5. 凡是会计主体都应进行独立核算。(　　)

6. 会计主体与法人主体是同一概念。(　　)

7. 谨慎原则是指在会计核算中应尽量低估企业的资产和可能发生的损失、费用。(　　)

8. 货币量度是惟一的会计计量单位。(　　)

9. 不具备会计机构设置条件的单位，可以委托会计师代理记账。(　　)

10. 银行存款余额调节表也属会计档案。(　　)

11. 会计档案保管期限届满后，会计人员便可销毁会计档案。(　　)

12. 当出纳因公出差时，为了不影响工作，由会计暂时代替出纳工作。（　　）

四、计算分析题

某企业 2010 年 12 月发生下列经济业务：

（1）销售产品 70 000 元，其中 30 000 元已收到存入银行，其余 40 000 元尚未收到。

（2）收到现金 800 元，系上月提供的劳务收入。

（3）用现金支付本月份的水电费 900 元。

（4）本月应计劳务收入 1 900 元。

（5）用银行存款预付下年度房租 18 000 元。

（6）用银行存款支付上月借款利息 500 元。

（7）预收销售货款 26 000 元，已通过银行收妥入账。

（8）本月负担年初已支付的保险费 500 元。

（9）上月预收货款的产品本月实现销售收入 18 000 元。

（10）本月负担下月支付的修理费 1 200 元。

要求：（1）按收付实现制原则计算 12 月份的收入、费用。

（2）按权责发生制原则计算 12 月份的收入、费用。（不必编制会计分录）

第二章　会计科目与账户

一、单项选择题

1. 会计科目是（　　）。

A. 账户的名称　　　　　　　　　B. 账簿的名称

C. 报表项目的名称　　　　　　　D. 会计要素的名称

2. 账户结构一般分为（　　）。

A. 左右两方　　　　　　　　　　B. 上下两部分

C. 发生额、余额两部分　　　　　D. 前后两部分

3. 账户的贷方反映的是（　　）。

A. 费用的增加　　　　　　　　　B. 所有者权益的减少

C. 收入的增加　　　　　　　　　D. 负债的减少

4. 收益类账户的结构与所有者权益账户的结构（　　）。

A. 完全一致　　　B. 相反　　　C. 基本相同　　　D. 无关

5. 账户余额一般与（　　）在同一方向。

A. 增加额　　　　B. 减少额　　　C. 借方发生额　　　D. 贷方发生额

6. 下列错误中能够通过试算平衡查找的有（　　）。

A. 重记经济业务　　B. 漏记经济业务　　C. 借贷方向相反　　D. 借贷金额不等

7. 登记总账与所属明细账的原则是（　　）。

A. 根据总账记明细账　　　　　　　B. 根据明细账记总账

C. 根据凭证分别登记　　　　　　　D. 先记总账后记明细账

8. 收入类账户期末结账后，应是（　　）。

A. 贷方余额　　　　B. 借方余额　　　　C. 没有余额　　　　D. 借方或贷方余额

9. "应收账款"账户初期余额为 5 000 元，本期借方发生额为 6 000 元，贷方发生额为 4 000 元，则期末余额为（　　）。

A. 借方 5 000　　　B. 贷方 3 000　　　C. 借方 7 000　　　D. 贷方 2 000

10. 下列经济业务发生，使资产和权益项目同时增加的是（　　）。

A. 生产产品领用材料　　　　　　　B. 以现金发放工资

C. 以资本公积转增资本金　　　　　D. 收到购货单位预付款，并存入银行

11. 下列科目中属于债权类科目的是（　　）。

A. 应收账款　　　B. 销售费用　　　C. 预收账款　　　D. 盈余公积

12. 下列经济业务发生，不会导致会计等式两边总额发生变化的有（　　）。

A. 收回应收账款并存入银行　　　　B. 从银行取得借款并存入银行

C. 以银行存款偿还应付账款　　　　D. 收到投资者以无形资产进行的投资

13. 某企业本期期初资产总额为 140 000 元，本期期末负债总额比期初增加 20 000 元，所有者权益总额比期初减少 10 000 元，则企业期末资产总额为（　　）。

A. 170 000 元　　　B. 130 000 元　　　C. 150 000 元　　　D. 120 000 元

14. 下列引起资产和负债同时增加的经济业务是（　　）。

A. 以银行存款偿还银行借款　　　　B. 收回应收账款存入银行

C. 购进材料一批货款未付　　　　　D. 以银行借款偿还应付账款

15. 某企业 2010 年 10 月末负债总额 120 万元，11 月份收回应收账款 20 万元，用银行存款归还借款 15 万元，预付购货款 6 万元，11 月末负债总额为（　　）。

A. 105 万元　　　B. 111 万元　　　C. 115 万元　　　D. 121 万元

二、多项选择题

1. 设置会计科目应遵循的原则有（　　）。

A. 必须符合单位内部经营管理的需要　　B. 必须结合会计对象的特点

C. 要做到统一性与灵活性相结合　　　　D. 要保持相对稳定

E. 要保持周延性和互斥性

2. 期末结账后没有余额的账户是（　　）。

A. 营业外收入　　B. 生产成本　　C. 投资收益　　D. 实收资本　　E. 其他业务收入

3. 账户中的各项金额包括（　　）。

A. 期初余额　　　B. 本期增加额　　　C. 本期减少额

D. 期末余额　　　E. 本期发生额

4. 下列会计科目中属于债权类科目的是（　　）。

A. 应收账款　　B. 销售费用　　C. 预收账款　　D. 盈余公积　　E. 预付账款

5. 在借贷记账法下，费用类账户期末结账后（　　）。

A. 一般没有余额　　　　　　　　　B. 绝对没有余额

C. 借贷方都可能有余额   D. 若有余额则在贷方

E. 若有余额则在借方

6. 下列经济业务中使资产与权益同时减少的有(   )。

A. 以银行存款支付应付利润   B. 以银行存款支付预提费用

C. 以银行存款偿还应付账款   D. 取得短期借款并存入银行

E. 收到投资者投入货币资金并存入银行

7. 下列账户中按权责发生制要求设置的有(   )。

A. 制造费用   B. 管理费用   C. 预提费用   D. 销售费用   E. 待摊费用

8. 总分类账和明细账的关系是(   )。

A. 总分类账提供总括资料,明细账提供详细资料

B. 总分类账和明细分类账平行登记

C. 总分类账统驭. 控制所属明细账

D. 所有总分类账必须附设明细分类账

E. 明细分类账补充说明与其相关的总分类账

9. 下列总分类科目中,可以不设置明细科目的有(   )。

A. 库存现金   B. 银行存款   C. 应付账款   D. 应收账款   E. 短期借款

10. 关于"资产＝负债＋所有者权益"的会计等式,下列提法正确的是(   )。

A. 它反映了会计静态要素之间的基本数量关系

B. 它反映了会计静态要素与会计动态要素的相互关系

C. 资产和权益的对应是逐项的一一对应

D. 资产和权益的对应是综合的对应

E. 会计等式右边的排列顺序是任意的,即可以颠倒

11. 下列各项是以会计恒等式为理论依据的有(   )。

A. 复式记账   B. 成本计算   C. 编制资产负债表

D. 试算平衡   E. 财产清查

12. 期间费用一般包括(   )。

A. 财务费用   B. 管理费用   C. 制造费用   D. 销售费用   E. 待摊费用

13. 下列各项属于静态会计要素的是(   )。

A. 资产   B. 收入   C. 费用   D. 负债   E. 所有者权益

14. 下列各项属于动态会计要素的是(   )。

A. 资产   B. 收入   C. 费用   D. 利润   E. 所有者权益

15. 以下反映企业财务状况的会计要素有(   )。

A. 资产   B. 收入   C. 费用   D. 负债   E. 所有者权益

16. 以下反映企业经营成果的会计要素有(   )。

A. 资产   B. 收入   C. 费用   D. 利润   E. 所有者权益

17. 下列关于会计要素之间关系的说法正确的是(   )。

A. 费用的发生,会引起资产的减少,或引起负债的增加

B. 收入的取得,会引起资产的减少,或引起负债的增加

C. 收入的取得，会引起资产的增加，或引起负债的减少

D. 所有者权益的增加可能引起资产的增加，或引起费用的增加

E. 以上说法都正确

18. 下列关于资产的特征正确的说法有（　　）。

A. 必须为企业现在所拥有或控制　　B. 必须能用货币计量其价值

C. 必须是用来转卖的财产　　　　　D. 必须是有形的财产物资

E. 必须具有能为企业带来经济利益服务的潜力

19. 下列属于所有者权益的有（　　）。

A. 实收资本　B. 资本公积　C. 盈余公积　D. 未分配利润　E. 短期借款

三、判断题

1. 账户是会计科目的名称（　　）。

2. 账户的借方反映资产和负债及所有者权益的增加，贷方反映资产和负债及所有者权益的减少。（　　）

3. 在所有的账户中，左边均登记增加额，右方均登记减少额。（　　）

4. 凡是余额在借方的都是资产类账户。（　　）

5. 负债类账户的结构与资产类账户的结构正好相反。（　　）

6. 一般说来，各类账户的期末余额与记录增加额的一方属同一方向。（　　）

7. 费用类账户一般没有余额，如有应在借方（　　）。

8. 会计核算中，会计科目往往就是指账户，因为会计科目是根据账户设置的（　　）。

9. 为了保证会计核算指标在同一部门，乃至全国范围内进行综合汇总，所有会计科目及其核算内容都应由国家统一规定（　　）。

10. "资产＝权益"这一会计等式在任何时点上都是平衡的。（　　）

11. 所有经济业务的发生，都会引起会计恒等式两边发生变化，但不破坏会计恒等式。（　　）

11. 应收账款、预收账款、其他应收款均为资产。（　　）

12. 资产是企业拥有的能以货币计量的经济资源。（　　）

四、计算分析题

1. 资料：四通公司 2010 年有下列资料：

账户名称	期初余额	本期借方发生额	本期贷方发生额	期末余额
库存现金	4 000	2 000		4 750
银行存款	75 000	50 000	91 000	
应收账款		52 300	43 000	17 000
短期借款	50 000		25 000	45 000
实收资本	150 000		0	150 000
固定资产	67 000	5 400		56 500
原材料		6 450	8 670	7 410
应付账款	2 000		1 500	2 100

要求：根据各类账户的结构关系，计算并填写上列表格的空格。

2．红星公司 2010 年 3 月 31 日余额如下：

银行存款	56 000	应付账款	40 000
原材料	20 000	实收资本	121 000
固定资产	85 000		

该公司 4 月份发生下列经济业务：

（1）投资者追加投资 30 000 元，存入银行。

（2）用银行存款偿还应付账款 23 000 元。

（3）购买原材料 1 200 元，用存款支付。

（4）购买设备 50 000 元，用存款支付 30 000 元，余款尚欠。

（5）收到投资者投入机器一台 56 000 元，原材料一批 25 000 元。

（6）购进原材料 5 000 元，款未付。

要求：（1）根据期初余额开设丁字账户；

　　　（2）根据 4 月份发生的经济业务登记丁字账户；

　　　（3）结出丁字账户的发生额和余额。

3．三星公司 2010 年 7 月发生下列经济业务以前的资产总额为 956 000 元。该公司 2010 年 7 月份发生的经济业务如下：

（1）从银行提取现金 2 000 元，作为备用金。

（2）收到投资者投入资本 210 000 元，存入银行。

（3）以银行存款 32 500 元，支付前欠大众工厂的购料款。

（4）从银行取得借款 23 000 元，归还前欠东方工厂的购料款。

（5）以银行存款上缴所欠税金 8 500 元。

（6）向 M 公司购买材料 14 000 元，货款尚未支付。

（7）采购员李平出差，预支差旅费 3 000 元，以银行存款支付。

（8）生产领用材料 12 000 元。

（9）向银行借入资金 150 000 元，存入银行。

（10）收回 A 企业前欠的销货款 35 000 元，存入银行。

要求：（1）分析每笔经济业务所引起的资产和权益有关项目增减变动情况，指出属于何种类型的经济业务。

　　　（2）计算资产和权益增减净额，验证两者是否相等。

　　　（3）计算三星公司 2010 年 7 月发生上述经济业务以后的资产和权益总额，验证两者是否相等？

4．华夏公司 2010 年 5 月 31 日与 6 月 30 日的资产和负债如下所示：

	2010 年 5 月 31 日	2010 年 6 月 30 日
资产总额	220 000 元	265 000 元
负债总额	180 900 元	201 000 元

要求：针对以下情况，分别计算该公司 2010 年 6 月实现的利润或发生的亏损：

（1）所有者 6 月份追加投资 30 000 元；

（2）所有者 6 月份没有追加投资而是抽回投资 20 000 元；

（3）所有者 6 月初追加投资 45 000 元，6 月底又抽回投资 10 000 元；

（4）所有者既未追加投资，也未抽回投资。

5．ABC 企业 2010 年 12 月 31 日的资产、负债、所有者权益的状况如下表（单位：元）：

项　目	资　产	权　益	
		负　债	所有者权益
1．库存现金　　　　　　　600			
2．存放在银行的货币资金　95 000			
3．生产车间厂房　　　280 000			
4．各种机器设备　　　330 000			
5．运输车辆　　　　　250 000			
6．库存产品　　　　　75 000			
7．车间正在加工中的产品　86 500			
8．库存材料　　　　　85 000			
9．投资者投入的资本　800 000			
10．应付的购料款　　142 000			
11．尚未缴纳的税金　6 570			
12．向银行借入的短期借款　72 000			
13．应收产品的销货款　115 000			
14．采购员出差预借差旅费　2 000			
15．商标权　　　　　250 000			
16．发行的企业债券　317 000			
17．开办费支出　　　95 000			
18．盈余公积结余　　68 530			
19．法定财产重估增值　126 000			
20．未分配利润　　　132 000			
合　计			

要求：根据上述资料确定资产．负债及所有者权益项目，并分别加计资产、负债及所有者权益金额和合计数，验证资产和权益是否相等？

第三章　复式记账法

一、单项选择题

1．在单式记账法下，对每项经济业务都在（　　）账户中进行登记。

A．一个　　　　　B．两个　　　　　C．两个或更多　　　　D．有关

2．下列会计分录中，属于简单会计分录的是（　　）的会计分录。

A．一借多贷　　　B．一贷多借　　　C．一借一贷　　　　D．多借多贷

3. 账户余额一般与( )在同一方向。

A. 减少额　　　　B. 增加额　　　　C. 借方发生额　　　　D. 贷方发生额

4. 在借贷记账法中，账户哪方记增加数，哪方记减少数是由( )决定的。

A. 账户的结构　　B. 账户的性质　　C. 账户的用途　　　　D. 账户的类型

5. 资产账户贷方记减少数，借方记增加数，其结果必须( )。

A. 每个资产账户借方数大于贷方

B. 每个资产账户贷方数大于借方

C. 所有资产账户的借方数大于负债账户的贷方数

D. 所有资产账户的借方数大于所有者权益账户的贷方数

6. 在借贷记账法下，负债、所有者权益账户贷方表明( )。

A. 负债、所有者权益和收入增加　　B. 资产、成本和费用增加

C. 负债、所有者权益和收入减少　　D. 资产、损益减少

7. 复式记账法是指任何一笔经济业务都必须以相等的金额在两个或两个以上的有关账户中( )。

A. 一个记增加另一个记减少　　　　B. 两个都记增加

C. 全面地、相互联系地进行登记　　D. 两个都记减少

8. 在账户中，用"借方"和"贷方"登记资产和负债、所有者权益的增减数额，按照账户结构，概括地说是( )。

A. "借方"登记资产的增加和负债、所有者权益的减少；"贷方"反之

B. "借方"登记资产和负债、所有者权益的增加；"贷方"反之

C. "借方"登记资产和负债、所有者权益的减少；"贷方"反之

D. "借方"登记资产的减少和负债、所有者权益的增加

9. 下列各账户中，期末可能有余额在借方的是( )。

A. 制造费用　　B. 生产成本　　C. 营业费用　　　　D. 营业成本

10. 对于那些既要进行总分类核算又要进行明细分类核算的经济业务发生后，在总分类账户和其所属的明细分类账户的登记必须采用( )。

A. 平行登记　　B. 补充登记　　C. 试算平衡　　　　D. 复试记账

二、多项选择题

1. 下列错误中，不能通过试算平衡发现的有( )。

A. 某项经济业务未登记入账

B. 借贷双方同时多记了相等的金额

C. 借贷双方同时少记了相等的金额

D. 应借应贷的账户中错记了借贷方向

E. 只登记了借方金额，未登记贷方金额

2. 经济业务的发生，会引起资产、负债、所有者权益发生增减变动的情况有( )。

A. 资产和负债同时增加　　　　B. 资产和负债同时减少

C. 资产和所有者权益同时增加　　D. 资产增加和所有者权益减少

E. 资产减少（增加）和负债、所有者权益发生减少（增加）

3. 下列经济业务，引起资产和所有者权益同时增加的业务有（ ）。

A. 国家以机器设备对企业投资   B. 外商以货币资金对企业投资

C. 销售产品已收货款存入银行   D. 购买材料未付款

E. 企业接受捐赠汽车一辆

4. 下列经济业务，引起资产和负债同时减少的业务有（ ）。

A. 用银行存款偿还前欠购货款   B. 用现金支付办公费

C. 用银行存款归还银行短期借款   D. 以现金发放职工薪酬

E. 用银行存款缴纳税金

5. 下列经济业务，引起负债、所有者权益要素内部项目变化的业务有（ ）。

A. 确实无法偿还的应付账款   B. 企业提取公积金

C. 向投资者分配利润   D. 企业公积金转增资本

E. 用银行借款偿还应付账款

6. 会计基本等式是下列哪些会计核算方法的理论依据（ ）。

A. 设置账户   B. 复式记账   C. 编制会计报表

D. 登记账簿   E. 成本计算

7. 账户中的各项金额包括（ ）。

A. 期初余额   B. 期末余额   C. 本期增加额

D. 本期减少额   E. 本期发生额

8. 总分类账户和明细分类账户的关系是（ ）。

A. 总分类账户提供总括核算资料、明细分类账户提供详细核算资料

B. 总分类账户统驭、控制明细分类账户

C. 总分类账户和明细分类账户平行登记

D. 所有账户必须设置明细分类账户

E. 明细分类账户补充说明与其相关的总分类账户

9. 下列各账户中，期末余额可能在借方也可能在贷方的有（ ）。

A. 预收账款   B. 预付账款   C. 短期借款

D. 预提费用   E. 管理费用

10. 企业在生产经营过程中，销售商品取得的收入，可能（ ）。

A. 资产增加   B. 增加负债   C. 减少负债

D. 增加所有者投资   E. 增加资产或减少负债

三、判断题

1. 借贷记账法大约产生于 16 世纪的英国。（ ）

2. 记账方法，按记录方式不同，可分为单式记账法和借贷记账法。（ ）

3. 借贷记账法的记账规则是，"有借必有贷，借贷必相等"。（ ）

4. 总分类账户和明细分类账户平行登记的要点可概括为：登账依据相同、方向一致、金额相等。（ ）

5. 凡是余额在借方的都是资产类账户。（ ）

6. 所有经济业务的发生都会引起会计等式两边发生变化。（　　）

7. 借贷记账法下的"借"、"贷"二字，其本身的含义是没有意义的。（　　）

8. 账户是会计科目的名称，会计科目是根据账户开设的。（　　）

9. 账户期末借方发生额合计数与贷方发生额合计数相等。（　　）

四、综合练习题

1. 某工厂 2010 年 3 月各资产、负债和所有者权益账户期初余额如下表：

资产、负债和所有者权益账户期初余额

金额单位：元

资产类账户	金　额	负债及所有者权益类账户	金　额
库存现金	200	负债：	
银行存款	130 000	短期借款	580 000
应收账款	12 000	应付账款	16 500
生产成本	24 000	负债合计	596 500
原材料	30 000	所有者权益：	
其他应收款	300	实收资本	250 000
固定资产	650 000	所有者权益合计	250 000
总计	846 500	总计	846 500

该工厂 3 月发生下列经济业务：

（1）以银行存款 6 000 元偿还银行借款。

（2）收到外商投资 100 000 元存入银行。

（3）以银行存款 2 500 元，偿还前欠某工厂购货款。

（4）收购货单位前欠货款 3 000 元，其中支票 2 700 元存入银行，另收现金 300 元。

（5）以银行 2 年期借款 20 000 元购买设备一台。

（6）采购员预借差旅费 800 元，以现金付讫。

（7）购进材料一批，计价 15 000 元，以银行存款支付，材料验收入库。

（8）从银行提取现金 500 元，以备零星开支。

（9）生产车间领用材料 10 000 元。

（10）收到某单位投入的设备一台价值 6 000 元。

要求：（1）根据借贷记账原理，分析确定某工厂 3 月份各项经济业务应借、应贷账户的名称和金额，编制会计分录。

（2）开设各账户登记期初余额、本期发生额、结出期末余额，编制试算平衡表并进行试算平衡。

2. 某公司于 2010 年 1 月 1 日开业。截至 1 月 10 日，该公司共发生六笔经济业务，经登账后各账户余额如下：

库存现金	2 000
银行存款	402 000
原材料	20 000
固定资产	150 000

短期借款	55 000
应付账款	20 000
实收资本	500 000
销售费用	1 000

请说明这六笔经济业务的内容（注意：这六笔经济业务入账后的结果必须产生题目所列的各账户的余额）。

第四章　企业基本经济业务的核算

一、单项选择题

1. 下列采购费用中应计入采购成本的是（　　）。

A. 市内采购材料的运杂费　　　　B. 运输途中的合理损耗

C. 采购人员的差旅费　　　　　　D. 专设采购机构的经费

2. 甲企业购进材料100吨，货款计1 000 000元，途中发生定额内损耗1 000元，并以银行存款支付该材料的运杂费1 000元，保险费5 000元，增值税进项税额为170 000元。则该材料的采购成本为（　　）元。

A. 1 000 000　　　B. 1 005 000　　　C. 1 006 000　　　D. 1 175 000

3. 下列各项目中，应计入"制造费用"账户的是（　　）。

A. 生产产品耗用的材料　　　　　B. 机器设备的折旧费

C. 产品生产工人的薪酬　　　　　D. 行政管理人员的薪酬

4. "期间费用"账户期末应（　　）。

A. 有借方余额　　　　　　　　　B. 有贷方余额

C. 无余额　　　　　　　　　　　D. 有时在借方，有时在贷方出现余额

5. "生产成本"账户的期末借方余额表示（　　）。

A. 完工产品成本　　　　　　　　B. 半成品成本

C. 本月生产成本合计　　　　　　D. 期末在产品成本

6. 预提费用是指（　　）。

A. 先支付后计入成本或损益的费用　　B. 先预收后计入成本或损益的费用

C. 先预提后计入成本或损益的费用　　D. 先计入成本或损益后支付的费用

7. 待摊费用是指（　　）。

A. 先支付后计入成本或损益的费用　　B. 先计入成本或损益后支付的费用

C. 先预收后计入成本或损益的费用　　D. 先预提后计入成本或损益的费用

8. 某企业本月支付厂部管理人员薪酬15 000元，预支付厂部半年（含本月）修理费1 200，生产车间保险费3 000元。该企业本月管理费用发生额为（　　）。

A. 15 000元　　　B. 16 200元　　　C. 15 200元　　　D. 19 200元

9. 销售产品时应交销售税金，应贷记的科目是（　　）。

A. 主营业务收入　　　　　　　　　　B. 营业税金及附加

C. 应交税费　　　　　　　　　　　　D. 所得税费用

10. 企业计算应交所得税时，应借记的科目是（　　　）。

A. 利润分配　　　　　　　　　　　　B. 所得税费用

C. 应交税费　　　　　　　　　　　　D. 营业税金及附加

11. 某企业"本年利润"账户 5 月末账面余额为 58 万，表示（　　　）。

A. 5 月份实现的利润总额　　　　　　　B. 1～5 月份累计实现的营业利润

C. 1～5 月份累计实现的利润总额　　　 D. 1～5 月份累计实现的 产品销售利润

12. 企业实际收到投资者投入的资金属于企业所有者权益中的 （　　　）。

A. 固定资产　　　B. 银行存款　　　　C. 实收资本　　　　D. 资本公积

13. 预提短期借款利息支出时，应贷记的账户是（　　　）。

A. 短期借款　　　B. 财务费用　　　　C. 预提费用　　　　D. 银行存款

14. "预提费用"账户期末如有借方余额，则表示（　　　）。

A. 已经预提但尚未支付的费用　　　　B. 实际支出数大于预提数的差额

C. 已经支出而尚未摊销的费用　　　　D. 已经摊销而尚未支付的费用

15. 下列项目中属于营业外收入的有（　　　）。

A. 销售产品的收入　　　　　　　　　B. 出售废料收入

C. 固定资产处置净收益　　　　　　　D. 出租固定资产的收入

16. 下述各项目中，应计入"销售费用"账户的是（　　　）。

A. 为销售产品而发生的广告费　　　　B. 销售产品的价款

C. 已销产品的生产成本　　　　　　　D. 销售产品所收取的税款

17. 年末结转后，"利润分配"账户的贷方余额表示（　　　）。

A. 利润实现额　　　B. 利润分配额　　　C. 未分配利润　　　D. 未弥补亏损

二、多项选择题

1. 下列应计入材料采购成本的有（　　　）。

A. 采购人员的差旅费　　　　　　　　B. 材料买价

C. 运输途中的合理损耗　　　　　　　D. 市内采购材料的运杂费

E. 材料入库前的挑选整理费

2. 与"预提费用"账户发生对应关系的账户有（　　　）。

A. 制造费用　　　B. 管理费用　　　C. 生产成本

D. 银行存款　　　E. 财务费用

3. 下列各账户中，反映所有者权益的账户有（　　　）。

A. 实收资本　　　B. 资本公积　　　C. 应收账款

D. 盈余公积　　　E. 本年利润

4. 下列项目中，属于待摊费用项目性质的有（　　　）。

A. 月初预付本月电费　　　　　　　　B. 年初预付全年财产保险费

C. 季初预付本季度仓库租金　　　　　D. 预付外单位贷款

E. 预交所得税

5. 下列费用中，属于生产过程中发生的费用有（　　）。

A. 车间机器设备折旧费 　　　　　　B. 材料采购费用

C. 生产工人薪酬 　　　　　　　　　D. 生产产品耗用的材料

E. 车间照明用电费

6. 在收付实现制原则下，可以不设置的账户是（　　）。

A. 待摊费用 　　　　B. 累计折旧 　　　　C. 预收账款

D. 预提费用 　　　　E. 预付账款

7. 计提固定资产折旧时，与"累计折旧"账户对应的账户为（　　）。

A. 生产成本 　　　　B. 制造费用 　　　　C. 管理费用

D. 待摊费用 　　　　E. 银行存款

8. 期间费用一般包括（　　）。

A. 财务费用 　　　　B. 管理费用 　　　　C. 销售费用

D. 制造费用 　　　　E. 待摊费用

9. 预提费用提取数额小于应提取数额，可能导致本期（　　）。

A. 负债减少 　　　　B. 资产减少 　　　　C. 利润减少

D. 费用减少 　　　　E. 资产增加

10. 根据权责发生制原则，下列各项属本年度收入的有（　　）。

A. 本年度销售产品一批，货款下年初结算

B. 收到上年度所销产品的货款

C. 上年度已预收货款，本年度发出产品

D. 本年度出租厂房，租金已于上年预收

E. 本年度销售产品一批，货款收到存入银行

11. 一般来讲，所有者权益包括（　　）。

A. 投入资本 　　　　B. 资本公积 　　　　C. 盈余公积

D. 利润分配 　　　　E. 未分配利润

12. 下列项目应计入"利润分配"账户借方的是（　　）。

A. 提取的公积金 　　B. 所得税 　　　　　C. 年末转入的亏损额

D. 分配给投资者的利润 　　　E. 盈余公积弥补亏损

13. 某工业企业采购甲、乙两种材料，下列采购支出属于直接费用的有（　　）。

A. 两种材料的运费 　B. 甲材料的买价 　　C. 两种材料的装卸费

D. 乙材料的买价 　　E. 乙材料的包装费

14. 工业企业的供、产、销三个阶段，应计算的成本有（　　）。

A. 工资费用成本 　　B. 材料采购成本 　　C. 采购费用成本

D. 产品生产成本 　　E. 产品销售成本

三、判断题

1. "材料采购"账户期末如有借方余额，表示在途材料的实际成本。（　　）

2. 固定资产在使用过程中的磨损，表明固定资产价值的减少，应计入"固定资产"账户的贷方。（　　）

3. 企业本期预收的销货款，属企业本期的收入。（　　　）

4. 材料采购费用一般直接体现在当期损益中，因此采购费用属于期间费用。（　　　）

5. 企业职工薪酬应计入产品生产成本。（　　　）

6. "累计折旧"账户是用来记录固定资产减少额的。（　　　）

7. 生产车间领用的原材料应计入"生产成本"账户的借方。（　　　）

8. 行政管理部门领用的原材料应计入"制造费用"账户的借方。（　　　）

9. "利润分配——未分配利润"明细账户的借方余额为未弥补亏损。（　　　）

10. "生产成本"账户期末如有借方余额，为尚未加工完成的各项在产品成本。（　　　）

四、计算分析题

1. 某工业企业 2010 年 2 月购进 A.B 两种材料，有关资料如下表：

材料名称	单位	单价	重量	买价	运杂费	增值税额
A 材料	千克	4.00	80 000	320 000		54 400
B 材料	千克	2.00	40 000	80 000		13 600
合计	—	—	120 000	400 000	6000	68 000

要求：按材料的重量分配运杂费，计算 A.B 材料的采购总成本和单位成本。

2. 某企业生产 A.B 两种产品。A 产品期初在产品成本为 1 400 元，本月发生材料费用 35 000 元，生产工人薪酬 5 000 元，月末在产品成本为 1 000 元，A 产品本月完工 400 件；B 产品期初在产品成本为 1 400 元，本月发生材料费用 31 200 元，生产工人薪酬 4 000 元，月末无在产品，完工产量为 200 件。本月共发生制造费用 4 500 元。

要求：（1）计算 A、B 完工产品的总成本和单位成本（制造费用按生产工人薪酬比例分配）。

（2）编制分配制造费用和完工产品入库的会计分录。

3. 某企业年初所有者权益总额为 120 万元。本年接受捐赠资产 20 万元，本年实现利润 40 万元，所得税率为 25％，按 10％提取盈余公积，向投资者分配利润 8 万元。

要求：（1）计算年末未分配利润。

（2）计算年末所有者权益总额。

（3）编制计提所得税及利润分配的会计分录。

五、综合练习题

1. 甲公司发生下列经济业务：

（1）某单位投入一批原材料，总成本 200 000 元。

（2）向银行借入 3 个月期借款 100 000 元存入银行。

（3）向银行借入 3 年期借款 800 000 元存入银行。

（4）以银行存款支付本季度短期借款利息 32 000 元，本季度前两个月已预提利息 21 000 元。

（5）计提长期借款利息 90 000 元，其中固定资产在建期间的借款利息 70 000 元，固定资产完工交付使用并已办理竣工手续后的利息 20 000 元。

（6）以银行存款偿还短期借款 50 000 元，长期借款 100 000 元。

（7）收到某公司投入本企业商标权一项，投资双方确认的价值为 200 000 元。

（8）按规定将盈余公积金 30 000 元转作资本金。

（9）接受外商捐赠汽车 1 辆，价值 120 000 元。

要求：根据上述资料编制会计分录。

2. 某工厂某年 10 月份发生下列经济业务：

（1）购进 1 台设备，买价 80 000 元，运输费 400 元，包装费 300 元，所有款项均以银行存款支付，设备交付使用。

（2）向大明工厂购进甲材料 1 500 千克，单价 30 元，计 45 000 元，增值税 7 650 元；乙材料 2 000 千克，单价 15 元，计 30 000 元，增值税 5 100 元，全部款项以银行存款支付。

（3）用银行存款支付上述甲、乙材料的运杂费 7 000 元（按重量分配费用）。

（4）向宏天工厂购进丙材料 3 000 千克，单价 25 元，计 75 000 元，增值税 12 750 元，款项尚未支付。

（5）用现金支付丙材料的运费及装卸费 3 000 元。

（6）甲、乙、丙三种材料发生入库前的挑选整理费 3 250 元（按材料重量比例分摊），用现金支付。

（7）本期购进的甲、乙、丙材料均已验收入库，现结转实际采购成本。

要求：（1）根据上述经济业务编制会计分录（运杂费和挑选整理费按材料重量分摊）。

（2）根据有关会计分录，登记"在途物资"总账和明细账。

3. 某工厂某年 10 月份发生下列经济业务：

（1）本月生产领用材料情况如下：

金额单位：元

用 途	甲 材 料	乙 材 料	合 计
A 产品	32 000	45 000	77 000
B 产品	68 000	38 000	106 000
车间一般耗用	2 000	500	2 500
合 计	102 000	83 500	185 500

（2）结算本月应付职工薪酬 6 8000 元，其中生产 A 产品生产工人薪酬 30 000 元，生产 B 产品生产工人薪酬 20 000 元，车间管理人员薪酬 10 000 元，厂部管理人员薪酬 8 000 元。

（3）从银行存款提取现金 68 000 元。

（4）用现金发放上月职工薪酬 68 000 元。

（5）用银行存款支付厂部第四季度的报刊费 660 元。

（6）分摊本月厂部应负担的报刊费 220 元。

（7）预提车间机器设备的大修理费 1 200 元。

（8）用银行存款支付本月水电费 5 200 元，其中车间分配 3 700 元，厂部分配 1 500 元。

（9）按规定标准计提本月固定资产折旧费 4 830 元，其中生产用固定资产折旧费为 3 800 元，厂部固定资产折旧费 1 030 元。

（10）按生产工人薪酬的比例分摊并结转本月制造费用。

（11）本月投产 A 产品 100 件，全部完工；B 产品 300 件，全部未完工。A 产品已全部完工入库，结转完工产品成本。

要求：（1）根据上述经济业务编制会计分录。

（2）根据有关的会计分录，登记："生产成本"总账、明细账和"制造费用"总账。

4. 某工厂 10 月份发生下列经济业务：

（1）销售 A 产品 10 件，单价 1 920 元，货款 19 200 元，销项税 3 264 元，款项已存入银行。

（2）销售 B 产品 150 件，单价 680 元，计 102 000 元，销项税 17 340 元，款项尚未收到。

（3）用银行存款支付销售费用计 1 350 元。

（4）预提本月银行借款利息 1 200 元。

（5）结转已销产品生产成本，A 产品 12 476 元，B 产品 69 000 元。

（6）计算应交城市维护建设税 1 100 元，教育费附加 610 元。

（7）销售丙材料 200 千克，单价 26 元，计 5 200 元，货款已存入银行，其采购成本为 4 900 元。

（8）以现金 260 元，支付延期提货的罚款。

（9）月末将"主营业务收入"、"其他业务收入"、"营业外收入"账户结转"本年利润"账户。

（10）月末将"主营业务成本"、"营业税金及附加"、"其他业务成本"、"销售费用"、"财务费用"、"营业外支出"结转到"本年利润"账户。

（11）计算并结转本月应交所得税，税率为 25%。

（12）将本月实现的净利润转入"利润分配"账户。

（13）按税后利润的 10% 提取盈余公积。

（14）该企业决定向投资者分配利润 15 000 元。

要求：（1）根据经济业务作会计分录。

（2）登记"主营业务收入"、"主营业务成本"、"本年利润"和"利润分配"账户。

5. 某企业年末结转"本年利润"和"利润分配"账户余额之前，有关账户余额如下：

"本年利润"总账贷方余额 3 560 000 元；

"利润分配"总账借方余额 2 800 000 元；

"利润分配——提取法定盈余公积" 356 000 元；

"利润分配——提取公益金" 178 000 元；

"利润分配——应付股利" 2 266 000 元。

要求：编制有关会计分录

(1) 将"本年利润"账户余额结转至"利润分配——未分配利润"账户；

(2) 将"利润分配——提取法定盈余公积"、"利润分配——提取公益金"、"利润分配——应付股利"明细账余额结转至"利润分配——未分配利润"账户；

(3) 开设"本年利润"、"利润分配"的总账，登记结转前余额；

(4) 将编制的会计分录登记入账，并结出"本年利润"、"利润分配"账户的本期发生额和余额。

第五章 账户的分类

一、单项选择题

1. 资产类账户的发生额反映( )情况。

A. 资产的增减变动   B. 资产的结存

C. 负债的增减变动   D. 费用的发生

2. 负债类账户的余额反映( )情况。

A. 资产的结存   B. 负债的增减变动

C. 实际负债   D. 负债的形成和偿付

3. 通过"累计折旧"账户对"固定资产"账户进行调整，反映固定资产的( )。

A. 原始价值   B. 折旧额   C. 净值   D. 增加价值

4. "预提费用"账户借方发生额表示( )。

A. 发生数   B. 冲销数   C. 实际支出数   D. 会计期间应负担的

5. 调整账户和被调整账户所反映的经济内容是( )。

A. 不同的   B. 相同的   C. 原始数据   D. 调整数据

6. 年内财务成果账户的贷方余额表示( )。

A. 盈利总额   B. 亏损总额   C. 收益额   D. 费用额

7. 账户按经济内容分类时，"待摊费用"账户属于( )。

A. 资产类账户   B. 负债类账户   C. 费用类账户   D. 损益类账户

8. 账户按用途和结构分类时，"预提费用"账户属于( )。

A. 负债账户   B. 调整账户   C. 费用账户   D. 跨期摊提账户

9. "材料成本差异"账户按用途和结构分类，属于( )。

A. 盘存账户   B. 备抵调整账户

C. 附加调整账户   D. 备抵附加调整账户

10. 结算账户的期末余额( )。

A. 在借方   B. 在贷方

C. 可能在借方，也可能在贷方   D. 为 0

11. 用来反映和监督企业生产经营过程中某一阶段所发生的、应计入成本的全部费用，并确定各个成本计算对象的实际成本的账户，是(　　)。

A. 集合分配账户　　　　　　　　B. 费用账户

C. 成本计算账户　　　　　　　　D. 计价对比账户

12. 账户按用途和结构分类时，"累计折旧"账户属于(　　)。

A. 备抵附加调整账户　　　　　　B. 备抵调整账户

C. 资产账户　　　　　　　　　　D. 跨期摊提账户

13. 下列账户属于财务成果账户的是(　　)。

A. "主营业务收入"账户　　　　　B. "营业外收入"账户

C. "本年利润"账户　　　　　　　D. "利润分配"账户

14. 当调整账户的余额与被调整账户的余额方向相反时，该调整账户称为(　　)。

A. 调整账户　　　　　　　　　　B. 备抵调整账户

C. 附加调整账户　　　　　　　　D. 备抵附加调整账户

15. "利润分配"账户按经济内容分类，属于(　　)。

A. 资产账户　　　　　　　　　　B. 负债账户

C. 所有者权益账户　　　　　　　D. 备抵调整账户

16. 下列账户属于计价对比账户的是(　　)。

A. "本年利润"账户　　　　　　　B. "材料成本差异"账户

C. "预提费用"账户　　　　　　　D. "材料采购"账户

17. "本年利润"账户的调整账户是(　　)。

A. "盈余公积"账户　　　　　　　B. "营业外收入"账户

C. "营业外支出"账户　　　　　　D. "利润分配"账户

18. 债权债务结算账户的贷方登记(　　)。

A. 债权的增加　　　　　　　　　B. 债务的增加

C. 债务的增加、债权的减少　　　D. 债权的增加、债务的减少

19. "预收账款"账户按用途和结构分类，属于(　　)。

A. 债权结算账户　　　　　　　　B. 债务结算账户

C. 债权债务结算账户　　　　　　D. 负债账户

20. 在下列所有者权益账户中，反映所有者原始投资的账户是(　　)。

A. "实收资本"账户　　　　　　　B. "盈余公积"账户

C. "本年利润"账户　　　　　　　D. "利润分配"账户

21. 下列账户按用途和结构分类，不属于费用账户的是(　　)。

A. 管理费用　　　B. 财务费用　　　C. 销售费用　　　D. 制造费用

22. 下列账户中，既属于盘存账户，又属于成本类账户的是(　　)。

A. "库存商品"账户　　　　　　　B. "生产成本"账户

C. "原材料"账户　　　　　　　　D. "固定资产"账户

23. 下列账户中，不属于债务结算账户的是(　　)。

A. 应付账款　　　B. 预付账款　　　C. 预收账款　　　D. 短期借款

二、多项选择题

1. 债权债务结算账户的借方发生额表示(　　)。
   A. 债权的增加额　　　　　　　B. 债务的增加额
   C. 债权的减少额　　　　　　　D. 债务的减少额
   E. 债权和债务增加额

2. "预提费用"账户的期末余额表示(　　)。
   A. 实际支付的数额　　　　　　B. 预提的费用额
   C. 尚未摊销的待摊费用额　　　D. 尚未支付的预提费用额
   E. 预提费用发生额

3. 年内"本年利润"账户的期末余额表示(　　)。
   A. 一定时期内的收入　　　　　B. 累计利润总额
   C. 累计亏损总额　　　　　　　D. 未分配利润
   E. 一定期间内的费用

4. 与"待摊费用"账户贷方发生对应关系的账户是(　　)。
   A. 制造费用　　　B. 材料采购　　　C. 管理费用
   D. 原材料　　　　E. 主营业务成本

5. 按其不同的标准分类,"生产成本"账户可以同时属于(　　)。
   A. 资产账户　　　B. 盘存账户　　　C. 费用账户
   D. 成本计算账户　E. 计价对比账户

6. 下列账户期末一般没有余额的是(　　)。
   A. 收入类账户　　B. 费用类账户　　C. 成本计算账户
   D. 集合分配账户　E. 结算类账户

7. 下列账户可能属于盘存类账户的有(　　)。
   A. "材料采购"账户　　　　　　B. "生产成本"账户
   C. "固定资产"账户　　　　　　D. "银行存款"账户
   E. "应收账款"账户

8. "预提费用"账户按照不同的标准分类,可能属于(　　)。
   A. 费用账户　　　B. 负债账户　　　C. 调整账户
   D. 跨期摊提账户　E. 集合分配账户

9. 下列账户中属于备抵调整账户的有(　　)。
   A. "材料成本差异"账户　　　　B. "坏账准备"账户
   C. "利润分配"账户　　　　　　D. "累计折旧"账户
   E. "待摊费用"账户

10. 下列账户属于费用账户的有(　　)。
    A. "制造费用"账户　　　　　　B. "管理费用"账户
    C. "财务费用"账户　　　　　　D. "主营业务成本"账户
    E. "预提费用"账户

11. 调整账户按照其调整方式的不同,可以分为(　　)。

A. 备抵调整账户   B. 附加调整账户

C. 备抵附加调整账户   D. 跨期调整账户

E. 直接调整账户

12. 下列账户期末有余额在贷方的是(   )。

A. 跨期摊提账户   B. 所有者投资账户

C. 财务成果账户   D. 资产备抵调整账户

E. 债权债务结算账户

13. 按照经济内容分类,账户有(   )。

A. 资产账户   B. 负债类账户

C. 所有者投资账户   D. 成本计算账户

E. 损益账户

14. 下列账户属于调整账户的有(   )。

A. "材料成本差异"账户   B. "坏账准备"账户

C. "利润分配"账户   D. "累计折旧"账户

E. "预提费用"账户

15. 按经济内容分类,下列损益类账户属于反映营业损益的账户有(   )。

A. "主营业务收入"账户   B. "销售费用"账户

C. "管理费用"账户   D. "营业外收入"账户

E. "财务费用"账户

16. "利润分配"账户从不同的角度分类,可以同时属于(   )。

A. 财务成果账户   B. 所有者权益账户

C. 所有者投资账户   D. 计价对比账户

E. 调整账户

17. "主营业务成本"账户按照不同的标准进行分类,可以同时属于(   )。

A. 财务成果账户   B. 费用账户

C. 所有者权益账户   D. 损益账户

E. 成本账户

18. 对于"本年利润"账户,下列说法正确的有(   )。

A. 期末如为贷方余额,表示本期实现净利润

B. 期末如为借方余额,表示本期发生的亏损总额

C. 期末如为贷方余额,表示本期实现利润总额

D. 账户年末结账后应无余额

E. 账户期末余额记在贷方

三、判断题

1. 盘存账户的借方登记各种财产物资或货币资金的支出数或减少数。(   )

2. 债权结算账户在一定条件下可以转化为债务结算账户。(   )

3. 在某种情况下,待摊费用账户可以转化为预提费用账户。(   )

4. 在不设置"预收账款"账户的情况下,"应收账款"账户同时反映销售商品的应

收和预收款。（　　）

5. 备抵附加账户是依据调整账户的余额方向，判别是用来抵减被调整账户余额，还是用来附加被调整账户余额。（　　）

四、综合练习题

1. 某企业 5 月份发生以下经济业务：

（1）企业预收 B 工厂的货款 30 000 元存入银行。

（2）向 B 工厂销售预收货款的商品一批 20 000 元。

（3）企业以银行存款 50 000 元预付 A 工厂的材料款。

（4）企业从 A 工厂购进材料，货款 70 000 元，预付款不足部分由银行存款支付。

（5）企业以银行存款 1 200 元预付下季度的报刊费。

（6）期末摊销应由本月管理部门负担的报刊费 400 元。

（7）预提本月应负担的借款利息 1 700 元。

（8）收到银行通知，本季度实际银行借款利息为 6 000 元，以存款支付（已预提了 3 400 元的利息支出）。

要求根据上述经济业务编制会计分录。

2. 某老师在讲了调整账户以后，让大家说说对调整账户的认识。

甲同学说，调整账户与被调整账户在反映经济内容上的关系是：附加调整账户与被调整账户反映的经济内容相同，调减账户与被调整账户反映的经济内容不相同。

乙同学说，调减账户与被调整账户登账方向相反，因此它们不属同一性质的账户。如"应收账款"是资产类账户，其调减账户"坏账准备"是负债类账户。

请判断上述两位同学的说法正确吗？并说明理由。

第六章　会计凭证

一、单项选择题

1. 下列不属于原始凭证基本内容的是（　　）。

A. 填制日期　　　B. 经济业务内容　　　C. 应借应贷科目　　　D. 有关人员签章

2. 产品生产领用材料，应编制的记账凭证是（　　）。

A. 收款凭证　　　B. 付款凭证　　　C. 转账凭证　　　D. 一次凭证

3. 记账凭证的填制是由（　　）完成的。

A. 出纳人员　　　B. 会计人员　　　C. 经办人员　　　D. 主管人员

4. 记账凭证是根据（　　）填制的。

A. 经济业务　　　　　　　　　　　B. 原始凭证

C. 账簿记录　　　　　　　　　　　D. 审核无误的原始凭证

5. "限额领料单"是一种（　　）。

A. 一次凭证　　　　B. 累计凭证　　　　C. 单式凭证　　　　D. 汇总凭证

6. 将同类经济业务汇总编制的原始凭证是（　　　）。

A. 一次凭证　　　　　　　　　　　B. 累计凭证

C. 记账编制凭证　　　　　　　　　D. 汇总原始凭证

7. 填制会计凭证是（　　　）的前提和依据。

A. 成本计算　　　　B. 编制会计报表　　　C. 登记账簿　　　　D. 设置账户

8. 下列项目中，属于自制原始凭证的有（　　　）。

A. 领料单　　　　B. 购料发票　　　　C. 增值税发票　　　　D. 银行对账单

9. 从银行提取现金 500 元，应编制（　　　）。

A. 银行存款的收款凭证　　　　　　B. 银行存款的付款凭证

C. 现金的收款凭证　　　　　　　　D. 现金的付款凭证

10. 以银行存款归还银行借款的业务，应编制（　　　）。

A. 转账凭证　　　　B. 收款凭证　　　　C. 付款凭证　　　　D. 计算凭证

11. 会计凭证按（　　　）分类，分为原始凭证和记账凭证。

A. 用途和填制程序　　　B. 形成来源　　　C. 反映方式　　　D. 填制方式

12. 下列原始凭证中属于外来原始凭证的有（　　　）。

A. 购货发票　　　　　　　　　　　B. 工资结算汇总表

C. 发出材料汇总表　　　　　　　　D. 领料单

13. 对于现金和银行存款之间相互划转的经济业务，通常（　　　）。

A. 不需编制记账凭证　　　　　　　B. 需编制收款凭证

C. 需编制付款凭证　　　　　　　　D. 需编制转账凭证

14. 盘存表是一张反映企业财产物资实有数的（　　　）。

A. 外来原始凭证　　　B. 自制原始凭证　　　C. 记账凭证　　　D. 转账凭证

15. 自制原始凭证按其填制方法，可以分为（　　　）。

A. 原始凭证和记账凭证　　　　　　B. 收款凭证和付款凭证

C. 单项凭证和多项凭证　　　　　　D. 一次凭证和累计凭证

16. 把一项经济业务所涉及的有关账户，分别按每个账户填制一张记账凭证称为（　　　）。

A. 一次凭证　　　　　　　　　　　B. 单项记账凭证

C. 复式记账凭证　　　　　　　　　D. 借项记账凭证

17. 会计人员对于不真实、不合法的原始凭证，应当（　　　）。

A. 给予受理，但应向单位领导口头报告

B. 给予受理，但应向单位领导书面报告

C. 不予以受理

D. 视具体情况而定

18. 原始凭证的金额出现错误，正确的更正方法是（　　　）。

A. 由出具单位更正，并在更正处盖章

B. 由取得单位更正，并在更正处盖章

C. 由出具单位重开

D. 由出具单位另开证明，作为原始凭证的附件

19. 按照记账凭证的审核要求，下列内容中不属于记账凭证审核内容的是（   ）。

A. 凭证使用是否正确

B. 凭证所列事项是否符合有关的计划和预算

C. 凭证的金额与所附原始凭证的金额是否一致

D. 凭证项目是否填写齐全

20. 记账凭证按其所反映的经济内容不同，可以分为（   ）。

A. 单式凭证和复式凭证　　　　　　B. 收款凭证、付款凭证和转账凭证

C. 通用凭证和专用凭证　　　　　　D. 一次凭证、累计凭证和汇总凭证

二、多项选择题

1. 复式记账凭证按与货币资金的关系有以下几种（   ）。

A. 借款凭证　　　B. 收款凭证　　　C. 付款凭证

D. 通用凭证　　　E. 转账凭证

2. 下列凭证中属于原始凭证的有（   ）。

A. 提货单　　　　　　　　　　　B. 产品成本计算单

C. 购货发票　　　　　　　　　　D. 发出材料汇总表

E. 有应借应贷科目的自制原始凭证

3. 会计凭证可以（   ）。

A. 记录经济业务　　　　　　　　B. 明确经济责任

C. 登记账簿　　　　　　　　　　D. 编制编表

E. 财产清查

4. 会计凭证按用途和填制程序分为（   ）。

A. 原始凭证　　　B. 累计凭证　　　C. 记账凭证

D. 转账凭证　　　E. 单式记账凭证

5. 收款凭证可以作为出纳人员（   ）的依据。

A. 收入货币资金　　　B. 付出货币资金　　　C. 登记现金日记账

D. 登记银行存款日记账　　　　　　E. 登记有关明细账

6. 会计凭证的传递应结合企业（   ）特点。

A. 经济业务　　　　　　　　　　B. 内部机构组织

C. 人员分工　　　　　　　　　　D. 经营管理

E. 凭证自身

7. 下列证明文件中，属于原始凭证的有（   ）。

A. 银行收款通知单　　　　　　　B. 限额领料单

C. 入库单　　　　　　　　　　　D. 购货发票

E. 银行存款余额调节表

8. "发料凭证汇总表"是（   ）。

A. 原始凭证　　　　　B. 汇总原始凭证　　　C. 一次凭证

D. 自制原始凭证　　　E. 记账凭证

9. 下列属于一次凭证的原始凭证有（　　　）。

A. 领料单　　　B. 限额领料单　　　C. 收料单

D. 销货发票　　　E. 银行对账单

10. "限额领料单"可分别属于（　　　）。

A. 原始凭证　　　B. 汇总原始凭证　　　C. 一次原始凭证

D. 自制原始凭证　　　E. 累计原始凭证

11. 各种原始凭证必须具备的基本要素包括（　　　）。

A. 经济业务的摘要内容　　　　　　　B. 应借、应贷的会计科目名称

C. 有关人员的签章　　　　　　　　　D. 填制单位签章

E. 凭证所附原始凭证的张数

12. 下列文件可以作为记账凭证编制依据的有（　　　）。

A. 限额领料单　　　B. 领料单　　　C. 发料凭证汇总表

D. 银行付款通知　　　E. 银行存款余额调节表

13. 自制原始凭证按填制的手续的不同，可分为（　　　）。

A. 累计凭证　　　B. 汇总原始凭证　　　C. 记账编制凭证

D. 一次凭证　　　E. 复式凭证

14. 收款凭证的贷方科目，可能为下列（　　　）科目。

A. 库存现金　　　B. 银行存款　　　C. 主营业务收入

D. 应收账款　　　E. 其他应收款

三、判断题

1. 所有的会计凭证都是登记账簿的依据。（　　　）

2. 自制原始凭证都是一次凭证。（　　　）

3. 从银行提取现金时，应编制现金收款凭证。（　　　）

4. 记账凭证是根据账簿记录填制的。（　　　）

5. 单式记账凭证是依据单式记账法填制的。（　　　）

6. 记账凭证的依据只能是原始凭证。（　　　）

7. 在审核原始凭证时，发现有伪造、涂改或不合法的原始凭证，应退回经办人员更改后在受理。（　　　）

四、综合练习题

1. 某企业 7 月份发生以下经济业务：

（1）企业购进甲材料一批 40 000 元，进项税额 6 800 元，材料已验收入库，款项用银行存款支付。

（2）周华出差借支差旅费 1 000 元，以现金支付。

（3）销售产品一批，售价 30 000 元，销项税额 5 100 元，款项已收存银行。

（4）用现金购进办公用品 150 元，其中车间使用 50 元，厂部行政管理部门用 100 元。

（5）周华出差返回，报销差旅费 870 元，余款交回现金。

（6）发出甲材料 6 000 元，其中生产 A 产品领用 2 000 元，B 产品领用 3 400 元，车间一般耗用 600 元。

（7）收回华源工厂所欠账款 12 000 元，存入银行。

（8）结转已售产品成本 26 000 元。

要求：根据以上业务判断应编制收款凭证、付款凭证还是转账凭证，并编制相应的会计分录。

2. 以下是某企业会计人员设计的一张领料单，请根据原始凭证的基本要素判断其设计有没有不妥或不完善的地方，说明具体内容。

领　料　单

材料编号	材料类别	名称	规格	计量单位	数　量		价　格	
					请领	实发	请领	实发
备注			合　计					

第七章　会计账簿

一、单项选择题

1. 总分类账簿应采用（　　）的外表形式。

A. 活页式　　　　　　B. 卡片式　　　　　　C. 订本式　　　　　　D. 备查式

2. 租入固定资产备查登记簿按用途分类属于（　　）。

A. 分类账簿　　　　　B. 通用日记账　　　　C. 备查账簿　　　　　D. 专用日记账

3. 会计人员在结转前发现，在根据记账凭证登记入账时，误将 600 元记成 6 000 元，而记账凭证无误，应采用（　　）。

A. 补充登记法　　　　B. 划线更正法　　　　C. 红字更正法　　　　D. 蓝字登记法

4. 活页账簿与卡片账簿可适用于（　　）。

A. 现金日记账　　　　B. 联合账簿　　　　　C. 通用日记账　　　　D. 明细分类账

5. 材料明细账的外表形式可采用（　　）。

A. 订本式　　　　　　B. 活页式　　　　　　C. 三栏式　　　　　　D. 多栏式

6. 固定资产明细账的外表形式一般采用（　　）。

A. 三栏式　　　　　　B. 数量金额式　　　　C. 多栏式　　　　　　D. 卡片式

7. 下列会计科目中，采用三栏式明细账格式的是（　　）。

A. 生产成本　　　　　B. 销售费用　　　　　C. 原材料　　　　　　D. 待摊费用

8. 新的会计年度开始，启用新账时，可以继续使用，不必更换新账的是（　　）。

A. 总分类账　　　　　　　　　　　　　　　B. 银行存款日记账

C. 固定资产卡片   D. 管理费用明细账

二、多项选择题

1. 任何会计主体都必须设置的账簿有( )。

A. 日记账   B. 辅助账簿   C. 总分类账簿

D. 备查账簿   E. 明细分类账

2. 现金、银行存款日记账的账页格式属于( )。

A. 三栏式   B. 多栏式   C. 订本式

D. 数量金额式   E. 联合式

3. 明细分类账可以根据( )登记。

A. 原始凭证   B. 汇总原始凭证   C. 累计凭证

D. 经济合同   E. 记账凭证

4. 多栏式明细分类账的账页格式适用于( )。

A. 应收账款明细账   B. 管理费用明细账

C. 主营业务收入   D. 材料采购

E. 待摊费用

5. 对账的具体内容包括( )。

A. 账证核对   B. 账账核对   C. 账表核对

D. 账内核对   E. 账实核对

6. 账簿组成的基本内容是( )。

A. 单位名称   B. 账簿封面   C. 账簿扉页

D. 账页   E. 登记人员

7. 必须每年更换的账簿有( )。

A. 普通日记账   B. 总分类账簿   C. 明细分类账

D. 固定资产卡片   E. 特种日记账

8. 年度结束后，对于账簿的保管应做到( )。

A. 装订成册   B. 加上封面   C. 统一编号

D. 归档保管   E. 定期检查

三、判断题

1. 登记账簿的目的在于为企业提供各种总括的核算资料。( )

2. 现金日记账和银行存款日记账，必须采用订本式。( )

3. 为了实行钱账分管原则，通常由出纳人员填制收款凭证和付款凭证，由会计人员登记现金日记账和银行存款日记账。( )

4. 多栏式总分类账是指把所有的总账科目并在一张账页上。( )

5. 对于"原材料"账户的明细分类账，应采用多栏式账簿。( )

6. 结账就是结算. 登记每个账户期末余额的工作。( )

7. 总分类账及其明细分类账必须在同一会计期间内登记。( )

8. 账簿是重要的经济档案和历史资料，必须长期保存，不得销毁。( )

四、综合练习题

1. 目的：练习总分类账与明细分类账的平行登记

资料：本月发生下列经济业务：

（1）用银行存款支付行政管理部门的办公费 300 元；

（2）经批准，将盘盈材料 450 元，冲减管理费用；

（3）用现金支付离退休人员的工资 900 元；

（4）计提本月行政管理部门使用的固定资产折旧 320 元；

（5）月末，结转本月发生的管理费用。

要求：根据上述业务编制记账凭证，并登记管理费用总账和明细账。

2. 目的：练习错账的更正方法

资料：某企业将账簿与记账凭证进行核对，发现下列经济业务的凭证内容或账簿记录有错误：

（1）开出转账支票一张 200 元，支付管理部门零星开支。原记账凭证为：

借：管理费用　　　200

　　贷：库存现金　　　　　200

（2）签发转账支票 4 000 元，预付后三季度的报刊订阅费。原记账凭证为：

借：待摊费用　　　400

　　贷：银行存款　　　400

（3）签发转账支票 6 000 元，预付后三季度房租。原记账凭证为：

借：待摊费用　　　9 000

　　贷：银行存款　　　9 000

（4）用现金支付管理部门零星购置费 78 元。原记账凭证为：

借：管理费用　　　78

　　贷：库存现金　　　　　78

记账时现金付出栏记录为 87 元。

要求：判断上列各经济业务的账务处理是否有误，如有错误采用适当方法加以更正。

3. 目的：练习现金日记账的登记

资料：某工厂 2010 年 7 月 1 日现金日记账的期初余额为 960 元，该厂 7 月份发生下列有关经济业务：

（1）1 日，车间技术员李英借支差旅费 300 元，以现金支付。

（2）1 日，厂长江海预借差旅费 600 元，以现金支付。

（3）2 日，开出现金支票，从银行提取现金 650 元备用。

（4）2 日，以现金购买财务科办公用品 100 元。

（5）3 日，以现金支付工厂行政管理部门设备修理费 170 元。

（6）10 日，以现金支付法律咨询费 160 元。

（7）11 日，开出现金支票，从银行提取现金 29 000 元，备发工资。

（8）12 日，以现金 29 000 元发放工资。

（9）18 日，以现金 60 元购买车间办公用品。

（10）19 日，以职工江英缴来工具赔偿费 120 元。

（11）23 日，用现金支付采购材料运杂费 80 元。

（12）27 日，外单位职工以现金支付借打长途电话费 6 元。

（13）30 日，车间技术员李英报销差旅费 260 元，其余 40 元以现金退付。

（14）30 日，厂长江海报销差旅费 660 元，多余部分以现金补付。

要求：

（1）设置三栏式现金日记账，将 7 月 1 日期初余额记入现金日记账。

（2）根据以上业务登记现金日记账，并结出余额。

第八章　账务处理程序

一、单项选择题

1. 多种会计核算形式的根本区别在于（　　）不同。

A. 记账凭证的种类和格式　　　　　　　B. 登记总账的直接依据

C. 登记明细账的依据　　　　　　　　　D. 原始凭证的种类和格式

2. 会计核算形式中最基本. 最简单的会计核算形式是（　　）。

A. 记账凭证核算形式　　　　　　　　　B. 科目汇总表核算形式

C. 汇总记账凭证核算形式　　　　　　　D. 日记总账核算形式

3. 日记总账是（　　）结合在一起的联合账簿。

A. 日记账与明细账　　　　　　　　　　B. 日记账与总账

C. 日记账与记账凭证　　　　　　　　　D. 日记账与原始凭证

4. 在汇总记账凭证核算形式下，为了便于编制汇总转账凭证，要求所有转账凭证的科目应关系为（　　）。

A. 一个借方科目与几个贷方科目相对应

B. 一个借方科目与一个贷方科目相对应

C. 几个借方科目与几个贷方科目相对应

D. 一个贷方科目与一个或几个借方科目相对应

5. 不能反映账户对应关系的会计核算形式是（　　）。

A. 记账凭证核算形式　　　　　　　　　B. 科目汇总表核算形式

C. 汇总记账凭证核算形式　　　　　　　D. 日记总账核算形式

6. 在各种会计核算形式中，其相同的是（　　）。

A. 登记总账的依据　　　　　　　　　　B. 登记明细账的依据

C. 账务处理的程序　　　　　　　　　　D. 优缺点及适应范围

7. 不能够简化登记总账工作量的会计核算形式是（　　）。

A. 记账凭证核算形式　　　　　　　　　B. 科目汇总表核算形式

C. 汇总记账凭证核算形式　　　　　　　D. 多栏式日记账核算形式

8. 科目汇总表核算形式的优点是（　　　）

A. 便于分析经济业务的来龙去脉　　　　B. 便于查对账目

C. 可以减少登记总账的工作量　　　　D. 总分类账的记录较为详细

二、多项选择题

1. 记账凭证核算形式、科目汇总表核算形式、汇总记账凭证核算形式登记总账的直接依据分别是（　　　）。

A. 日记账　　　　B. 记账凭证　　　　C. 汇总记账凭证

D. 明细账　　　　E. 科目汇总表

2. 科目汇总表能够（　　　）。

A. 作为登记总账的依据　　　　B. 起到试算平衡的作用

C. 反映各科目之间的对应关系　　　　D. 反映各科目的余额

3. 以记账凭证为依据，按有关科目的贷方设置，按借方科目归类汇总的有（　　　）。

A. 汇总收款凭证　　　　B. 汇总付款凭证

C. 汇总转账凭证　　　　D. 科目汇总表

4. 在汇总记账凭证核算形式下，作为登记总账"银行存款"账户的依据有（　　　）。

A. 现金汇总收款凭证　　　　B. 银行存款汇总收款凭证

C. 现金汇总付款凭证　　　　D. 银行存款汇总付款凭证

5. 记账凭证核算形式需要设置的凭证有（　　　）。

A. 收款凭证　　　　B. 科目汇总表　　　　C. 付款凭证

D. 转账凭证　　　　E. 汇总转账凭证

三、判断题

1. 任何会计核算形式的第一步都是将所有的原始凭证汇总编制成汇总原始凭证。（　　　）

2. 记账凭证核算形式一般适用于规模小且经济业务较少的单位。（　　　）

3. 科目汇总表不仅可以起到试算平衡的作用，而且可以反映账户之间的对应关系。（　　　）

4. 汇总转账凭证是按借方科目分别设置，按其对应的贷方科目归类汇总。（　　　）

5. 在汇总记账凭证核算形式下，为了便于编制汇总转账凭证，要求所有转账凭证的科目对应关系只能是一借一贷或一借多贷。（　　　）

6. 汇总记账凭证核算形式适用于规模大、经济业务较多的单位。（　　　）

7. 日记总账核算形式的缺点是：账务处理程序较为复杂。（　　　）

8. 各种会计核算形式的主要区别表现在登记总账的依据和方法不同。（　　　）

9. 汇总记账凭证可以明确反映账户之间的对应关系。（　　　）

四、综合练习题

1. 练习科目汇总表的编制。

资料：某工业企业 2010 年 6 月份 1～10 日发生下列经济业务：

（1）1 日，从银行提取现金 1 000 元备用。

（2）2日，华丰厂购进材料一批，已验收入库，货款 5 000 元，增值税进项税 850 元，款项尚未支付。

（3）2日，销售给向阳工厂 A 产品一批，货款为 10 000 元，增值税销项税 1 700 元，款项尚未收到。

（4）3日，厂部的王凌出差，借支差旅费 500 元，以现金付讫。

（5）4日，车间领用甲材料一批，其中用于 A 产品生产 3 000 元，用于车间一般消耗 500 元。

（6）5日，销售给华远公司 A 产品一批，货款为 20 000 元，增值税销项税 3 400 元，款项尚未收到。

（7）5日从江南公司购进乙材料一批，货款 8 000 元，增值税进项税 1 360 元，款项尚未支付。

（8）6日，厂部李青出差，借支差旅费 400 元，用现金付讫。

（9）7日，以银行存款 5 850 元，偿还前欠华丰工厂的购料款。

（10）8日，从银行提出现金 1 000 元备用。

（11）8日，接银行通知，向阳厂汇来前欠货款 11 700 元，已收妥入账。

（12）8日，车间领用乙材料一批，其中用于 A 产品 5 000 元，用于车间一般消耗 1 000 元。

（13）9日，以银行存款 9 360 元，偿还前欠江南公司购料款。

（14）10日，接银行通知，华远公司汇来前欠货款 23 400 元，已收妥入账。

要求：（1）根据以上经济业务编制记账凭证。

（2）根据所编记账凭证编制科目汇总表。

科目汇总表

年　月 1～10 日

会计科目	借方金额	贷方金额
合　计		

2. 练习汇总付款凭证和汇总转账凭证的编制。

资料：根据习题一的资料所编的记账凭证（会计分录）。

要求：根据记账凭证（会计分录）编制银行存款科目的汇总付款凭证和原材料科目的汇总转账凭证。

汇总付款凭证

贷方科目：银行存款

借方科目	金 额				总账页数	
	1～10 日	11～20 日	21～31 日	合 计	借方	贷方
合　计						

汇总转账凭证

贷方科目：原材料

借方科目	金 额				总账页数	
	1～10 日	11～20 日	21～31 日	合 计	借方	贷方
合　计						

3. 南方公司 2010 年 5 月 31 日调整前有关账户的余额如下（单位：元）：

库存现金	7 500	累计折旧	40 000
银行存款	150 000	应付账款	120 500
原材料	130 000	短期借款	120 000
固定资产	560 000	应交税费	1 200
库存商品	70 000	实收资本	380 000
管理费用	58 000	主营业务收入	1 800 000
主营业务成本	1 400 000	利润分配——未分配利润	20 000
销售费用——广告费	105 000		
待摊费用——预付保险费	1 200		

本月底调整事项如下：

（1）1 月份预付的财产保险费 1 200 元，本月应负担 100 元。

（2）本月应负担仓库租金 6 000 元。

（3）本月应收银行存款利息 5 200 元。

（4）本月企业管理部门应提折旧 12 000 元。

（5）应计本月借款利息 8 000 元。

要求：

(1) 用以上给出的余额开设"丁"字账户。

(2) 编制调整分录,并记入"丁"字账户。

(3) 编制有关结账分录,记入"丁"字账户,并结出每个账户的发生额和余额。

(4) 根据各分类账资料编制 5 月份资产负债表和利润表。

4. 海利股份公司 2003 年度结账后,利润表也已编制,尚未公布,发现原记录有误,须更正的事项如下:

(1) 房屋折旧少提 7 000 元;

(2) 误将其他单位寄销的 14 400 元的产品列在存货内;

(3) 预收房租内,含有已确定的房租收入 2 400 元;

(4) 保险费中多列未摊销部分计 10 000 元;

(5) 漏列 12 月份应付水电费 3 000 元;

(6) 已到期而尚未收取的仓库租金 7 200 元未予列账。

试问上述事项对资产、负债、股东权益及本年利润的影响。

第九章 财产清查

一、单项选择题

1. 企业年终决算前,需要(   )。

A. 对所有财产进行实物盘点   B. 对重要财产进行局部清查

C. 对所有财产进行全面清查   D. 对流动性较大的财产进行重点清查

2. 大堆、笨重物资的实物数量的清查方法,常用的是(   )。

A. 永续盘存制   B. 实地盘存制   C. 实物盘点法   D. 技术推算法

3. 对现金的清查方法应采用(   )。

A. 技术推算法   B. 实物盘点法   C. 实地盘存制   D. 查询核对法

4. 银行存款的清查是将银行存款日记账记录与(   )核对。

A. 银行存款收款、付款凭证   B. 总分类账银行存款科目

C. 银行对账单   D. 开户银行的会计记录

5. 对于长期挂账的应付账款,在批准转销时应计入(   )科目。

A. 营业外支出   B. 营业外收入   C. 资本公积   D. 待处理财产损溢

6. 采用实地盘存制时,财产物资的期末结存数就是(   )。

A. 账面结存数   B. 实地盘存数   C. 收支抵减数   D. 滚存结余数

二、多项选择题

1. 采用实物盘点法的清查对象有(   )。

A. 固定资产   B. 原材料   C. 银行存款   D. 库存现金

2. 通过财产清查要求做到(   )。

A. 账物相符　　　B. 账款相符　　　C. 账账相符　　　D. 账证相符

3. 企业银行存款日记账账面余额大于银行对账单余额的原因有（　　）。

A. 企业账簿记录有差错　　　　　B. 银行账簿记录有差错

C. 企业已作收入入账，银行未达　　D. 银行已作支出入账，企业未达

4. 财产清查中遇到有账实不符时，用以调整账簿记录的原始凭证有（　　）。

A. 实存账存对比表　　　　　B. 现金盘点报告表

C. 银行对账单　　　　　　　D. 银行存款余额调节表

5. 查询核对法一般适用于（　　）的清查。

A. 债权债务　　　B. 银行存款　　　C. 库存现金　　　D. 往来款项

三、判断题

1. 全面清查可以定期进行，也可以不定期进行。（　　）

2. 通过银行存款余额调节表可以检查账簿记录上存在的差错。（　　）

3. 对于银行存款的未达账项应编制银行存款余额表进行调节，同时将未达账项编成记账凭证登记入账。（　　）

4. 在债权债务往来款项中，也存在未达账项。（　　）

5. 存货的盘亏、毁损和报废，在报经批准后均应计入"管理费用"科目。（　　）

6. 各种财产物资发生盘盈、盘亏和毁损，在报经批准以前都必须先计入"待处理财产损溢"科目。（　　）

7. 局部清查一般适用于流动性较大的财产物资和货币资金的清查。（　　）

8. 进行财产清查，如发现账面数小于实存数，即为盘亏。（　　）

四、计算分析题

资料：华天公司 2010 年 6 月 30 日银行存款日记账余额为 80 000 元，银行对账单上的余额为 82 425 元，经过逐笔核对发现有下列未达账项：

（1）企业于 6 月 30 日存入从其他单位收到的转账支票一张计 8 000 元，银行尚未入账；

（2）企业于 6 月 30 日开出的转账支票 6 000 元，现金支票 500 元，持票人尚未到银行办理转账和取款手续，银行尚未入账；

（3）委托银行代收的外埠货款 4 000 元，银行已经收到并入账，但收款通知尚未到达企业；

（4）银行受运输机构委托代收运费，已经从企业存款中付出 150 元，但企业尚未接到转账付款通知；

（5）银行计算企业的存款利息 75 元，已经记入企业存款户，但企业尚未入账。

要求：编制"银行存款余额调节表"。

五、会计分录题

资料：某工厂年终进行财产清查，在清查中发现下列事项：

（1）甲材料账面余额 455 千克，价值 19 110 元，盘存实际存量 445 千克，经查明，其中 7 千克为定额损耗，3 千克为日常收发计量差错。

（2）乙材料账面余额为 156 千克，价值 3 800 元，盘存实际存量为 151 千克，缺少数为保管人员失职造成的损失。

（3）丙材料盘盈 30 千克，每千克 30 元，经查明其中 25 千克为代其他工厂加工剩余材料，该厂未及时提回，其余属于日常收发计量差错。

（4）经检查其他应收款，尚有某运输公司欠款 250 元，属于委托该公司运输材料，由于装卸工疏忽造成的损失，已确定由该公司赔偿，但该公司已撤销，无法收回。

要求：根据上述资料，编制相关会计分录。

第十章　会计报表

一、单项选择题

1. 下列项目中不应列入资产负债表中"存货"项目的是（　　　）。

A. 委托代销商品　　　　　　　　　B. 发出商品

C. 工程物资　　　　　　　　　　　D. 受托代销商品

2. 某企业"应收账款"明细账借方余额合计为 280 000 元，贷方余额合计为 73 000 元，坏账准备贷方余额为 680 元，则资产负债表的"应收账款净额"为（　　　）元。

A. 207 000　　　　B. 279 320　　　　C. 606 320　　　　D. 280 000

3. 资产负债表中资产的排列顺序是（　　　）。

A. 项目收益性　　　B. 项目重要性　　　C. 项目流动性　　　D. 项目时间性

4. 下列资产负债表项目中，不可以直接根据总分类账户期末余额填列的项目是（　　　）。

A. 资本公积　　　　B. 短期借款　　　　C. 长期借款　　　　D. 应付股利

5. 下列资产负债表项目中，应根据相应总账账户期初期末余额直接填列的是（　　　）。

A. 待摊费用　　　B. 应收票据　　　C. 长期股权投资　　　D. 预付款项

6. 最关心企业盈利能力和利润分配政策的会计报表使用者是（　　　）。

A. 股东　　　　B. 供货商　　　　C. 潜在投资者　　　　D. 企业职工

7. 我国利润表采用（　　　）格式。

A. 账户式　　　B. 报告式　　　C. 单步式　　　D. 多步式

8. 利润分配表是（　　　）的附表。

A. 资产负债表　　　B. 利润表　　　C. 现金流量表　　　D. 合并报表

9. 现金流量表是以（　　　）为基础编制的会计报表。

A. 权责发生制　　　B. 收付实现制　　　C. 应收应付制　　　D. 费用配比制

10. 下列属于"投资活动现金流量"的是（　　　）。

A. 取得短期借款 3 000 元存入银行　　B. 向股东分配现金股利 2 000 元

C. 销售商品 10 000 元，款存银行　　D. 用存款购买机器一台 5 000 元

二、多项选择题

1. 下列各项中不能用总账余额直接填列的项目有(　　)。

A. 待摊费用　　　B. 固定资产　　　C. 应收票据

D. 应收账款　　　E. 预付账款

2. 编制资产负债表时，需根据有关资产科目与其备抵科目抵消后的净额填列的项目有(　　)。

A. 无形资产　　　B. 长期借款　　　C. 应收账款

D. 短期投资　　　E. 固定资产

3. 会计报表按反映的内容分类可以为(　　)。

A. 静态报表　　　B. 动态报表　　　C. 单位报表

D. 合并报表　　　E. 汇总报表

4. 资产负债表中的"存货"项目反映的内容包括(　　)。

A. 发出商品　　　　　　　　B. 委托代销商品

C. 委托加工物资　　　　　　D. 生产成本

E. 库存商品

5. 资产负债表中的"货币资金"项目，应根据(　　)科目期末余额的合计数填列。

A. 备用金　　　　B. 库存现金　　　C. 银行存款

D. 其他货币资金　　E. 交易性金融资产

6. 能计入利润表中"营业利润"的项目有(　　)。

A. 主营业务收入　　B. 管理费用　　　C. 投资收益

D. 所得税费用　　　E. 其他业务收入

7. 利润总额包括的内容有(　　)。

A. 营业利润　　　B. 所得税费用　　　C. 期间费用

D. 营业外收支净额　　　　　E. 投资净收益

8. 会计信息的使用者包括(　　)。

A. 企业投资者　　B. 企业债权人　　　C. 政府及其相关机构

D. 潜在投资者和债权人　　　E. 企业职工

9. 下列关于利润分配表说法正确的是(　　)。

A. 它是会计报表的主表

B. 其数据主要从"利润分配"科目有关明细科目得出

C. 它可以反映企业一定期间的利润分配情况和亏损弥补情况

D. 它是利润表的附表

E. 它是反映企业经营成果的报表

10. 编制会计报表的要求是(　　)。

A. 内容完整　　　B. 编报及时　　　C. 数字真实

D. 相关可比　　　E. 便于理解

三、判断题

1. 当"预提费用"科目期末为借方余额时，应合并在资产负债表中的"待摊费用"项目内反映，而不包括在"预提费用"项目内。（　　）

2. 资产负债表中的"应收账款"项目，应根据"应收账款"和"预付账款"科目所属明细科目的借方余额合计数填列。（　　）

3. 编制会计报表的主要目的就是为会计报表使用者决策提供信息。（　　）

4. 我国利润表的格式采用多步式。（　　）

5. 资产负债表反映的是单位在一定时期财务状况具体分布的报表。（　　）

6. 资产负债表中的"固定资产"项目，应按该科目的总账余额直接填列。（　　）

7. "利润分配"总账的年末余额一定与资产负债表中未分配利润项目的数额一致。（　　）

8. 现金流量表中的"现金"即为货币资金。（　　）

9. 资产负债表的编制依据为"资产＝负债＋所有者权益"。（　　）

四、计算分析题

1. 甲企业 2010 年 12 月 31 日有关账户的余额如下：

预提费用——利息　40 000 元（贷方）　　　预收账款——E　16 000 元（借方）
　　　　——修理　30 000 元（借方）　　　　　　——F　25 000 元（贷方）

待摊费用——租金　18 000 元（借方）　　　预付账款——G　42 000 元（贷方）
　　　　　　　　　　　　　　　　　　　　　　　　——H　31 000 元（借方）

应收账款——A　24 000 元（贷方）
　　　　——B　21 000 元（借方）
　　　　——C　35 000 元（贷方）
　　　　——D　17 000 元（借方）

要求：计算填列资产负债表中以下项目：

(1)"应收账款"项目　(2)"应付账款"项目　(3)"预收账款"项目
(4)"预付账款"项目　(5)"待摊费用"项目　(6)"预提费用"项目

2. 某企业 2010 年 1 月 1 日至 12 月 31 日损益类科目累计发生额如下：

主营业务收入 3 750 万元（贷方）　　　　　主营业务成本 1375 万元（借方）
营业税金及附加 425 万元（借方）　　　　　销售费用 500 万元（借方）
管理费用 250 万元（借方）　　　　　　　　财务费用 250 万元（借方）
投资收益 500 万元（贷方）　　　　　　　　营业外收入 250 万元（贷方）
营业外支出 200 万元（借方）　　　　　　　其他业务收入 750 万元（贷方）
其他业务成本 450 万元（借方）　　　　　　所得税费用 600 万元（借方）

要求：计算该企业 2010 年的主营业务利润、营业利润、利润总额和净利润。

五、综合练习题

某企业为增值税一般纳税人。该企业 2010 年 1 月 1 日有关科目余额如下表所示：

科目名称	借方余额	贷方余额
货币资金	6 000	
交易性金融资产	3 000	
应收账款	6 000	
原材料	12 000	
固定资产	21 000	
累计折旧		6 000
在建工程	15 000	
应交税费		6 000
长期借款		21 000
实收资本		18 000
盈余公积		12 000

该企业 2010 年度发生的经济业务如下:

(1) 用银行存款支付购入原材料货款 3 000 元及增值税 510 元,材料已验收入库。

(2) 2010 年度,企业的长期借款发生利息费用 1 500 元。按《企业会计制度》中借款费用资本化的规定,计算出工程应负担的长期借款利息费用为 600 元,其他利息费用 900 元,利息尚未支付。

(3) 企业将价值为 3 000 元的交易性金融资产股票投资售出,获得价款 6 000 元,已存入银行。

(4) 购入不需安装的设备 1 台,设备价款及增值税共计 9 000 元,全部款项均已用银行存款支付,设备已经交付使用。

(5) 本年计提固定资产折旧 4 500 元,其中:厂房及生产设备折旧 3 000 元,办公用房及设备折旧 1 500 元。

(6) 实际发放职工薪酬 6 000 元,并将其分配计入相关成本费用项目。其中,生产人员薪酬 3 000 元,管理人员薪酬 1 500 元,在建工程应负担的人员薪酬 1 500 元。本年产品生产耗用原材料 12 000 元。计算产品生产成本并将其结转产成品科目。假设 2010 年度生产成本科目无年初年末余额。

(7) 销售产品一批,销售价款 30 000 元,应收取的增值税为 5 100 元。已收款项 17 550 元(其中货款 15 000 元,增值税 2 550 元),余款尚未收取。该批产品成本为 18 000 元。假设本年产成品无期初及期末余额。

(8) 将各收支科目结转本年利润。

(9) 假设本年企业不缴所得税,不提取盈余公积及公益金,没有利润分配。本年利润余额全部转入"利润分配——未分配利润"科目。

要求:(1) 编制上述各项经济业务的会计分录;

(2) 编制该企业 2010 年度的资产负债表和利润表。

第3部分

基础会计综合模拟试题

综合模拟试题（一）

一、单项选择题（每题 1.5 分，共 18 分）

1. 所有者权益是指（　　）对企业净资产的所有权。

A. 企业职工　　　　B. 国家　　　　C. 厂长、经理　　　D. 投资者

2. 会计的基本职能是（　　）。

A. 反映和核算　　　B. 预测和决策　　C. 核算和监督　　　D. 监督和控制

3. 简单会计分录是指（　　）的会计分录。

A. 一借多贷　　　　B. 一借一贷　　　C. 一贷多借　　　　D. 多借多贷

4. "应付账款"明细账一般应采用（　　）账页。

A. 三栏式　　　　　B. 多栏式　　　　C. 数量、金额式　　D. 平行式

5. 银行日记账通常采用（　　）账簿。

A. 活页式　　　　　B. 订本式　　　　C. 卡片式　　　　　D. 以上各种均可

6. 资产负债表是根据（　　）这一会计等式编制的。

A. 收入－支出＝利润　　　　　　　　B. 资金来源＝资金占用

C. 资产＝负债＋所有者权益　　　　　D. 资金占用＋费用＝资金来源＋收入

7. 采用补记法编制银行存款余额调节表，调节后的余额表示（　　）。

A. 银行存款日记账余额　　　　　　　B. 银行对账单余额

C. 企业实际可动用的存款数　　　　　D. 企业银行存款日记账余额

8. 发现记账凭证上所用会计科目和记账方向正确，但所记金额大于应记金额，并已过账，应采用（　　）更正。

A. 红字更正法　　　B. 补充登记法　　C. 划线更正法　　　D. 平行登记法

9. 下列支出中属于资本性支出的有（   ）。

A. 设备购置费　　　　B. 材料运杂费　　C. 材料保管费　　　D. 营业费用

10. "应付账款"账户和"预付账款"账户都反映企业同（   ）相互间结算的往来关系。

A. 本企业的采购部门　　B. 购货单位　　　C. 供货单位　　　　D. 开户银行

11. 对会计要素具体内容进行再分类的项目称（   ）。

A. 会计项目　　　　　B. 会计科目　　　C. 会计账户　　　　D. 报表项目

12. 原始凭证按其取得来源的不同，可以分为（   ）。

A. 一次凭证和累计凭证　　　　　　　　B. 外来原始凭证和自制原始凭证

C. 收款凭证和付款凭证　　　　　　　　D. 转账凭证和汇总凭证

二、多项选择题（每题 2 分，共 18 分）

1. 总分类账户和明细分类账户的平行登记要点，可以概括为（   ）。

A. 登记的时间相同　　　　　　　　　　B. 登记的方向相同

C. 登记的金额相同　　　　　　　　　　D. 登记的主体为相同人

2. 以下（   ）属于期间费用的范畴。

A. 管理费用　　　　　B. 制造费用　　　C. 财务费用　　　　D. 销售费用

3. 账簿按其用途不同，可分为（   ）。

A. 序时账簿　　　　　B. 活页式账簿　　C. 分类账簿　　　　D. 备查账簿

4. 会计报表包括（   ）。

A. 资产负债表　　　　B. 利润表　　　　C. 现金流量表　　　D. 相关的附表

5. 调整账户按其调整方式不同，可分为（   ）。

A. 抵减账户　　　　　B. 附加账户　　　C. 抵减附加账户　　D. 对比账户

6. 下列各项中属于会计核算方法的有（   ）。

A. 建立会计机构并配备会计人员　　　　B. 设置会计科目和账户

C. 复式记账　　　　　　　　　　　　　D. 填制和审核会计凭证

7. 所有者权益的构成项目有（   ）

A. 实收资本　　　　　B. 资本公积　　　C. 盈余公积　　　　D. 应收账款

8. 按照账户的用途和结构分类，下列账户中属于跨期摊提账户的有（   ）。

A. 应收账款　　　　　B. 预提费用　　　C. 财务费用　　　　D. 待摊费用

9. 记账凭证的基本内容包括（   ）。

A. 应记账户的名称　　　　　　　　　　B. 应记账户的方向

C. 应记入账户的金额　　　　　　　　　D. 应记入账的时间

三、判断题（每题 1 分，共 14 分）

1. 会计主体必须具有法人资格。（   ）

2. 一贯性原则不允许企业随意改变会计处理方法。（   ）

3. 总分类账户和明细分类账户都只采用货币计量单位进行登记。（   ）

4. 资本金包括企业负债与所有者权益之和。（   ）

5. 从银行提取现金，这样的业务既要填收款凭证，又要填付款凭证。（　　）

6. 结账前发现账簿中所记文字或数字有错误，而记账凭证没有错误时，采用划线更正法进行错账更正。（　　）

7. 固定资产折旧，借记"制造费用"或"管理费用"，贷记"固定资产"。（　　）

8. 在借贷记账法下，对所有账户来说，记账符号"借"表示增加，"贷"表示减少。（　　）

9. 账户记录试算平衡即说明记账肯定正确。（　　）

10. 会计有预测和决策两大基本职能。（　　）

11. 一般来讲，法人必然是会计主体，而会计主体并不一定是法人。（　　）

12. 企业应交的增值税，是通过"主营业务税金及附加"账户核算的。（　　）

13. 永续盘存制是根据财产清查结果，确定财产物资期末账面结存数额的方法。（　　）

14. 科目汇总表账务处理程序一般适用于经济业务较少、规模小的单位。（　　）

四、计算题 （5分）

某企业 2010 年 9 月 30 日，银行存款日记账余额为 126 000 元，银行对账单所列存款余额为 152 000 元，经过核对，查明以下几笔未达账项：

(1) 9 月 25 日，银行受企业之托代收款项 5 000 元，银行已收并记账，企业尚未接到银行的收款通知。

(2) 9 月 27 日，企业开出支票 23 600 元，持票人尚未向银行办理转账，银行尚未入账。

(3) 9 月 28 日，银行划付款项 1 200 元，企业尚未接到银行付款通知。

(4) 9 月 30 日，企业送存支票 1 400 元，银行尚未入账。

根据上述资料，请用剔除式余额调节法编制银行存款余额调节表。

银行存款余额调节表

2010 年 9 月 30 日　　　　　　　　　　　　　　　　　单位：元

项目	金额	项目	金额
银行存款日记账余额		银行对账单余额	
加：银行已收企业未收 减：银行已付企业未付		加：企业已收银行未收 减：企业已付银行未付	
调节后余额		调节后余额	

五、分录题 （每笔分录3分，共45分）

××企业 5 月份发生以下经济业务：

(1) 仓库送来收货单，上月从 A 单位购进的乙材料 1 000 千克，每千克 61 元，计 61 000 元（上月已付款），今日到货，验收入库。

(2) 管理人员李平出差归来，报销差旅费 2 800 元，余款 200 元交回现金。

(3) 向 D 企业销售 M 产品 3 000 件，单价 160 元，计 480 000 元，增值税 81 600 元，扣除 100 000 元预收款，其余款项收到转账支票，当即填制进账单送存银行。

（4）经查，上月末盘亏的丙材料1 700元属定额内自然损耗，转作管理费用。

（5）签发转账支票偿还前欠B单位货款81 500元。

（6）出售股票（交易性金融资产）收入300 000元，存入银行，其账面成本220 000元。

（7）汇给省电视台广告费120 000元。

（8）签发转账支票向希望工程捐款100 000元。

（9）签发现金支票，从银行提取现金2 000元备用。

（10）签发转账支票，预付下年度财产保险费7 200元。

（11）以银行存款偿还到期的短期借款100 000元。

（12）签发转账支票支付电话费1 500元，其中车间300元，厂部500元，销售部门700元。

（13）销售人员李文出差，借支差旅费3 000元，付给其现金。

（14）以现金报销职工医药费900元。

（15）计提固定资产折旧30 000元，其中车间16 000元，厂部11 000元，销售部门3 000元。

根据上述业务资料编制会计分录。

综合模拟试题（二）

一、单项选择题（每题1分，共15分）

1. 会计是一种（　　　）。

A. 监督经济的工具 　　　　　　　　B. 管理生产与耗费的工具

C. 生财、聚财与用财的方法 　　　　D. 管理经济的活动

2. 资产与负债及所有者权益之间的关系是（　　　）。

A. 资产＝负债－所有者权益 　　　　B. 资产－负债＝所有者权益

C. 资产＝负债＋所有者权益 　　　　D. 资产＋负债＝所有者权益

3. 下列（　　　）项目不属于我国会计核算的一般原则。

A. 持续经营 　　　B. 真实性 　　　C. 一贯性 　　　D. 重要性

4. 下列项目中，属于所有者权益的是（　　　）。

A. 固定资产 　　B. 股本 　　C. 财务费用 　　D. 主营业务收入

5. 企业将现金存入银行，应填制的记账凭证是（　　　）。

A. 银行存款收款凭证 　　　　　　　B. 银行存款付款凭证

C. 现金收款凭证 　　　　　　　　　D. 现金付款凭证

6. 登记账簿时，数字和文字书写的要求是（　　　）。

A. 满格 　　　　　　　　　　　　　B. 占格宽的 $1/2 \sim 2/3$

C. 占格宽的 $2/3$ 　　　　　　　　　D. 文字可随便，数字占格宽的 $1/2$

7. "应付账款"账户和"预付账款"账户都反映企业同（　　　）相互间结算的往来关系。

A. 本企业的采购部门 　B. 购货单位 　C. 供货单位 　D. 开户银行

8. 在物价上涨期间，采用（　　　）计价，会使当年的净利润最小。

A. 先进先出法 　　B. 加权平均法 　　C. 后进先出法 　D. 个别计价法

9. 下列支出中属于资本性支出的有（　　　）。

A. 设备购置费 　　B. 材料运杂费 　　C. 材料保管费 　D. 营业费用

10. 应收账款明细账一般采用的格式为（　　　）。

A. 三栏式 　　　B. 数量金额式 　　C. 多栏式 　　D. 任意一种明细账格式

11. 对会计要素具体内容进行再分类的项目称（　　　）。

A. 会计项目 　　　B. 会计科目 　　　C. 会计账户 　　　D. 报表项目

12. 原始凭证按其取得来源的不同，可以分为（　　　）。

A. 一次凭证和累计凭证 　　　　　　B. 外来原始凭证和自制原始凭证

C. 收款凭证和付款凭证 　　　　　　D. 转账凭证和汇总凭证

13. 银行存款余额调节表调节后的余额表示（　　　）。

A. 银行存款日记账余额 　　　　　　B. 银行对账单余额

C. 企业实际可动用的存款数　　　　　　　D. 企业银行存款日记账余额

14. "限额领料单"是一种（　　　）。

A. 一次凭证　　　　　　　　　　　　　B. 原始凭证汇总表

C. 累计凭证　　　　　　　　　　　　　D. 外来凭证

15. 下列属于反映企业某一特定日期财务状况的报表是（　　　）。

A. 资产负债表　　　　B. 利润表　　　　C. 利润分配表　　D. 现金流量表

二、多项选择题 （每题 2 分，共 20 分）

1. 下列项目中，属于企业资产的有（　　　）。

A. 应收及预付账款　　　　　　　　　　B. 应付及预收账款

C. 银行存款　　　　　　　　　　　　　D. 短期借款

2. 企业会计对象的具体内容可用以下（　　　）会计要素表现。

A. 资产、负债、所有者权益　　　　　　B. 收入成果、费用成本

C. 收入、费用、利润　　　　　　　　　D. 资金来源、资金运用和资金结存

3. 下列账户中，如月末有余额表现在贷方的是（　　　）。

A. 应付账款　　　　B. 银行借款　　　　C. 材料采购　　　D. 待摊费用

4. 更正错账的方法一般有（　　　）。

A. 划线更正法　　　B. 涂改更正法　　　C. 红字更正法　　D. 补充登记法

5. 对账按其内容包括（　　　）。

A. 账证核对　　　　B. 账账核对　　　　C. 账单核对　　　D. 账实核对

6. 账簿按其外表形式，可以分为（　　　）。

A. 订本式账簿　　　B. 序时账簿　　　　C. 活页式账簿　　　D. 卡片式账簿

7. 存货的盘存制度有（　　　）两种。

A. 权责发生制　　　B. 永续盘存制　　　C. 实地盘存制　　　D. 收付实现制

18. 预提生产车间设备大修理费应借记（　　　）账户，贷记（　　　）账户。

A. 待摊费用　　　　B. 制造费用　　　　C. 预提费用　　　D. 管理费用

9. 工业企业利润总额由（　　　）组成。

A. 营业利润　　　　　　　　　　　　　B. 投资净收益

C. 营业外收支净额　　　　　　　　　　D. 所得税费用

10. 明细分类账的格式主要有（　　　）。

A. 三栏式　　　　　　B. 横线登记式　　　C. 数量金额式　　　D. 多栏式

三、判断题 （每题 1 分，共 10 分）

1. 登记账簿的依据是会计分录。（　　　）

2. 科目汇总表与汇总记账凭证都是对记账凭证进行汇总，所用的汇总方法也基本相同。（　　　）

3. 资产负债表是反映企业某一特定日期全部资产、负债和所有者权益的报表。（　　　）

4. 会计检查是对企业经济活动和财务收支的一种事后监督。（　　　）

5. 汇总记账凭证会计核算程序适用性较强，大、中、小型企业均可采用。（　　）

6. "收入－费用＝利润"这个平衡公式是对企业财务状况的静态反映。（　　）

7. 账户与会计科目两者的含义是一致的，没什么区别。（　　）

8. 科目汇总表会计核算程序不仅可以简化总分类账的登记工作，而且还可以进行发生额试算平衡。（　　）

9. 企业的"材料采购"账户余额，在期末应转入"本年利润"账户的借方。（　　）

10. "固定资产"账户和"累计折旧"账户都属资产类账户，其结构也相同。（　　）

11. 记账后，发现记账凭证的应借应贷科目正确，而只是所记金额大于应记金额，应采用补充登记法方可更正。（　　）

12. 企业的资产，其所有权必须属于企业。（　　）

13. 转账凭证是用于不涉及现金和银行存款收付业务的其他转账业务所用的记账凭证。（　　）

14. 现金日记账和银行存款日记账，必须采用订本式账簿。（　　）

15. 抵减账户是用来抵减调整账户的余额，以求得被调整账户所反映会计要素的实际余额的账户。（　　）

四、计算题（每题 5 分，共 10 分）

某企业在 3 月份发生的制造费用为 15 000 元，请按生产工人工资比例为分配标准在甲、乙产品之间进行分配并结转。

制造费用分配表

产品名称	分配标准（工资）	分配率	分配金额
甲产品	12 000		
乙产品	8 000		
合计	2 000		

五、分录题（每笔分录 3 分，共 45 分）

宏达股份公司 12 月内发生下列经济业务：

（1）1 日，接受外商 W 公司投资 700 000 元，存入银行。

（2）3 日，从光明工厂购入甲材料 10 000 元，增值税率 17%，该厂垫付运费 500 元，款项均以银行存款支付，材料验收入库。

（3）4 日，仓库发出材料 80 000 元，其中 40 000 元用于 A 产品的生产，30 000 元用于 B 产品的生产，车间一般耗用 7500 元，行政管理部门耗用 2 500 元。

（4）5 日，从银行提取现金 46 000 元备发薪酬。

（5）6 日，以现金 46 000 元发放职工薪酬。

（6）8 日，以现金购买办公用品 180 元，交付各科室使用。

（7）10 日，车间主任王涛出差归来，报销差旅费 700 元，原借款 1 000 元，余款交回。

(8) 12 日，以银行存款支付下年度报刊费 1 200 元。

(9) 13 日，分配本月薪酬，生产工人薪酬 35 000 元，其中 A 产品 20 000 元，B 产品 15 000 元，车间管理人员薪酬 4 000 元，行政管理人员薪酬 7 000 元。

(10) 15 日，销售给乙单位 A 产品 100 件，单价 600 元，计 60 000 元，增值税 10 200 元，货款收到，存入银行。

(11) 15 日，结转已销 A 产品的生产成本（A 产品每件 400 元）。

(12) 18 日，以银行存款支付产品广告费 8 000 元。

(13) 20 日，计提固定资产折旧费 7 000 元，其中车间 3 000 元，管理部门 4 000 元。

(14) 25 日，向希望工程捐款 10 000 元，以银行存款支付。

根据上述经济业务编制会计分录。

综合模拟试题（三）

一、单项选择题（每题1分，共10分）

1. 会计的目标是（　　）。
A. 进行价值管理　　　　　　　　　　　B. 提高经济效益
C. 提高会计信息　　　　　　　　　　　D. 控制和指导经济活动

2. 一般说来会计主体与法律主体（　　）。
A. 是有区别的　　　B. 相互一致　　　C. 不相关的　　　D. 相互可以替代的

3. 下列各项原则中，适用于划分各期收入和费用的原则是（　　）。
A. 配比原则　　　B. 权责发生制原则　　　C. 一致性原则　　　D. 谨慎性原则

4. （　　）原则要求，会计核算方法一经确定，不得随意变更，如有变更，应在财务报告中说明理由及其对财务状况和经营成果所造成的影响
A. 一贯性原则　　　B. 可比性原则　　　C. 明晰性原则　　　D. 合法性原则

5. 复式记账法对每项经济业务都以相等的金额，在（　　）中进行登记。
A. 一个账户　　　　　　　　　　　　　B. 两个账户
C. 全部账户　　　　　　　　　　　　　D. 两个或者两个以上的账户

6. 在下列会计分录中，属于简单分录的是（　　）的会计分录。
A. 一借一贷　　　B. 一借多贷　　　C. 一贷多借　　　D. 多贷多借

7. 账户发生额试算平衡是根据（　　）确定的
A. 借贷记账法的记账规则　　　　　　　B. 经济业务的内容
C. "资产＝负债＋所有者权益"的平衡关系　　　D. 经济业务的类型

8. 某企业材料总分类账户本期借方发生额为3 200元，本期贷方发生额为3 000元，其有关明细分类账户的发生额分别为：甲材料本期借方发生额700元，贷方发生额900元；乙材料本期借方发生额为2 100元，贷方发生额1 800元；丙材料本期（　　）。
A. 借方发生额2 700元，贷方发生额2 800元
B. 借方发生额400元，贷方发生额300元
C. 借方发生额200元，贷方发生额400元
D. 因不知各账户期初余额，故无法计算

9. 抵减账户的余额与被抵减账户的余额在方向上（　　）。
A. 一定相同　　　B. 一定相反　　　C. 有时相同　　　D. 有时相反

10. 债权结算账户的借方登记（　　）。
A. 债权的减少数　　　B. 债权的增加数　　　C. 债务的减少数　　　D. 债务的增加数

二、多项选择题（每题2分，共20分）

1. 会计的职能包括（　　）。

A. 会计核算   B. 会计监督   C. 会计预测   D. 会计决策

2. 会计核算的基本前提包括（   ）。

A. 会计主体   B. 持续经营   C. 会计分期

D. 货币计量   E. 权责发生制

3. 下列支出中，属于资本性支出的是（   ）。

A. 机器设备的日常修理费   B. 机器设备的购置费和安装费支出

C. 购买原材料支出的运输费用   D. 办公费用与工资支出

E. 房屋、建筑物的建造支出

4. 会计的方法应包括（   ）。

A. 会计核算方法   B. 会计分析方法

C. 会计预测方法   D. 会计决策方法

E. 会计考核方法

5. 下列引起一个资产项目增加而另一个资产项目减少的业务是（   ）。

A. 赊购材料   B. 暂付差旅费   C. 归还欠款   D. 收回应收款

6. 总分类账户与明细分类账户（   ）。

A. 是性质不同的账户   B. 是结构不同的账户

C. 核算对象相同   D. 登记的原始依据相同

E. 采用平行登记法

7. 在下列经济业务中，影响到"资产＝负债＋所有者权益"会计等式两边的项目同时变动的业务有（   ）。

A. 向银行取得短期借款或长期借款若干

B. 提取法定盈余公积金或公益金若干

C. 签订限期归还若干货款的偿债合同

D. 投资者投入货币资金或固定资产若干

E. 用货币资金购置非流动资产若干

8. 经济业务发生后，会引起资产、负债或所有者权益发生增减变动的情况有（只考虑两个要素变动）（   ）。

A. 资产和负债同时增加   B. 资产和所有者权益同时减少

C. 资产和负债同时减少   D. 资产减少和权益增加

E. 资产（或减少）和负债、所有者权益（或减少）

9. 下列各组账户中，（   ）组账户所反映的经济内容是相同的，但是它们有不同的用途和结构。

A. "固定资产"和"累计折旧"   B. "本年利润"和"利润分配"

C. "待摊费用"和"预提费用"   D. "应收账款"和"坏账准备"

E. "原材料"和"材料成本差异"

10. 下列账户中，按照账户的不同分类可以是负债账户也可以是结算账户的是（   ）。

A. "预付账款"   B. "长期借款"   C. "应付职工薪酬"

D. "预收账款" E. "应交税费"

三、判断题 （每题 1 分，共 10 分）

1. 会计是一种经济管理的活动。（   ）

2. 会计计量单位只有一种，即货币量度。（   ）

3. 谨慎性原则要求在会计核算工作中做到谦虚谨慎，不夸大企业的资产。（   ）

4. 权责发生制原则是正确地进行资产、负债计量的基本原则。（   ）

5. 按照复式记账原理，对任何一笔经济业务至少应在一个资产账户、一个负债账户和一个所有者权益账户中进行相互联系的反映。（   ）

6. 在复式记账法下，账户记录的结果可以反映每一项经济业务的来龙去脉。（   ）

7. 在借贷记账法中，"借"、"贷"作为记账符号已失去了原来字面的含义。因此，对于所有的账户来说，"借"表示增加，"贷"表示减少。（   ）

8. 任何一笔会计分录，都必须同时具备应记账户名称、记账方向和金额三项基本内容。（   ）

9. 资产负债表是反映企业一定时期全部资产、负债和所有者权益情况的会计报表。（   ）

10. 利润表主要是反映企业从某一指定日期起，至另一指定日期止利润实现情况的会计报表。（   ）

四、计算题 （共 10 分）

某工业企业有关生产和销售资料如下（金额单位：元）：

	5 月份	6 月份
本月全部生产费用	26 000	24 000
期初在产品	③	3 000
期末在产品	②	500
期初库存商品	5 500	7 000
期末库存商品	7 000	④
主营业务收入	29 500	⑤
主营业务成本	①	27 000
营业税金及附加	1 500	1 450
主营业务利润	5 000	−450

计算①～⑤的数值，并列出算式。

五、分录题 （每笔分录 2 分，共 50 分）

××公司 1 月份发生下列经济业务：

（1）总会计师陈涛暂借差旅费 300 元，财务科以现金付讫。

（2）向通海厂购入材料，货款 80 000 元和发票上增值税税额 13 600 元，先以银行存款支付一半，余款暂欠。

（3）以现金支付上项材料的运杂费 400 元。

（4）上项材料验收入库，结转其采购成本。

（5）从银行提取现金 40 700 元。

（6）以现金 40 000 元发放本月职工薪酬。

（7）领用材料的价值 136 400 元，其中生产甲产品用 81 000 元，生产乙产品用 43 500 元，车间修理用 6 400 元，工厂行政管理部门消耗 5 500 元。

（8）售给民生厂甲产品 500 件，货款 90 000 元和发票上增值税税额 15 300 元，已收存银行。

（9）以银行存款支付本厂技校经费 1 000 元。

（10）以银行存款支付本月产品广告费用 800 元。

（11）以银行存款支付生产设备修理费 100 元和发票上增值税税额 17 元，法律咨询费 300 元。（"咨询费"进入"管理费用"）

（12）售给永谊厂乙产品 500 件，货款 60 000 元和发票上增值税税额 10 200 元尚未收到。

（13）以银行存款支付本月销售产品的包装费 700 元和发票上增值税税额 119 元。

（14）分配结转本月应付供电公司电费 7 000 元，其中生产甲产品用 3 000 元，生产乙产品用 2 500 元，车间用 1 000 元，工厂行政管理部门用 500 元。

（15）分配结转本月职工薪酬 40 000 元，其中生产甲产品工人薪酬 15 000 元，生产乙产品工人薪酬 20 000 元，车间管理人员薪酬 1 700 元，工厂行政管理人员薪酬 3 300 元。

（16）计提本月固定资产折旧 15 500 元，其中生产车间计提折旧 10 000 元，行政管理部门计提折旧 5 500 元。

（17）摊销应计入本月份制造费用的劳动保护费 800 元，摊销应计入本月管理费用的保险费 200 元。

（18）预提应由本月负担的短期借款利息 200 元。

（19）根据甲、乙产品的生产工时的比例分配本月发生的制造费用（本月甲产品耗用 6 000 工时，乙产品耗用 4 000 工时。）

（20）本月投产的甲产品 1 000 件和乙产品 1 000 件全部完工入库，结转其生产成本。

（21）结转本月销售甲产品 500 件生产成本 60 000 元，销售乙产品 500 件生产成本 40 000 元。

（22）将各收支账户结转至"本年利润"账户。

（23）按规定结转应交所得税（税率为 25%），并将所得税费用结转至"本年利润"账户。

（24）按税后利润的 10% 提取盈余公积。

（25）税后利润按分配比例应付给投资者的利润计 12 240 元。

根据上述经济业务编制会计分录。

综合模拟试题（四）

一、单项选择题（每题 1 分，共 30 分）

1. （　　）前提明确了会计工作的空间范围。

A. 会计分期　　　　B. 会计主体　　　　C. 持续经营　　　　D. 货币计量

2. 下列项目不属于资产的是（　　）。

A. 长期股权投资　　B. 预收账款　　　　C. 应收账款　　　　D. 银行存款

3. 下列选项中能够反映会计要素之间的基本数量关系，同时也是设置账户、复式记账和编制会计报表的理论依据是（　　）。

A. 会计分期　　　　B. 会计准则　　　　C. 会计等式　　　　D. 会计制度

4. 下列经济业务涉及资产和负债同时减少的是（　　）。

A. 赊购材料

B. 用公积金转增资本

C. 用现金发放职工薪酬

D. 用银行存款预付购料款

5. 对会计对象具体内容进一步分类的项目是（　　）。

A. 会计科目　　　　B. 会计要素　　　　C. 账簿名称　　　　D. 账户名称

6. 在借贷记账法下，账户哪一方登记增加，哪一方登记减少，是由（　　）决定的。

A. 账户的结构

B. 账户反映的经济内容

C. 会计要素划分的类别

D. 会计等式

7. 下列账户中本期发生额减少登记在贷方的是（　　）。

A. 累计折旧　　　　B. 应收账款　　　　C. 应付账款　　　　D. 短期借款

8. 一般来说资产类账户的期末余额应在（　　）。

A. 账户的借方　　　B. 账户的贷方　　　C. 没有余额　　　　D. 账户的借方或贷方

9. 下列不属于盘存账户的是（　　）。

A. "库存现金"　　　B. "库存商品"　　　C. "固定资产"　　　D. "累计折旧"

10. 从银行提取现金应编制的记账凭证是（　　）。

A. 现金收款凭证

B. 转账凭证

C. 银行存款收款凭证

D. 银行存款付款凭证

11. 下列账户的明细分类核算适用借方多栏式账页格式的是（　　）。

A. "应收账款"　　　B. "库存商品"　　　C. "营业外收入"　　　D. "管理费用"

12. 会计凭证按（　　）分类，分为原始凭证和记账凭证。

A. 填制程序和用途　　B. 形成来源　　　　C. 用途　　　　D. 填制方式

13. 总分类账户与明细分类账户平行登记的要点可以概括为（　　）。

A. 依据相同、方向一致、金额相等

B. 方向一致、颜色相同、金额相等

C. 同时期登记、同方向登记、同金额登记

D. 依据相同、方向一致、颜色相同

14. "生产成本"账户的期末余额表示（ 　 ）。

A. 完工产品成品　　　　　　　　B. 期末在产品成品

C. 本月生产费用合计　　　　　　D. 库存产品成品

15. 预付供应单位材料货款，可将其视为一种（ 　 ）。

A. 负债　　　B. 收益　　　C. 资产　　　D. 所有者权益

16. 下列错误中能够通过试算平衡查找的有（ 　 ）。

A. 重记经济业务　B. 漏记经济业务　C. 借贷方向相反　D. 借贷金额不等

17. 职工赵某报销差旅费 280 元，退回借款余额 20 元，该项业务所编制的分录是（ 　 ）。

A. 借：管理费用　　　　280　　　　B. 借：管理费用　　　　300
　　贷：库存现金　　280　　　　　　贷：其他应收款　　300

C. 借：管理费用　　　　280　　　　D. 借：管理费用　　　　280
　　贷：库存现金　　20　　　　　　　　库存现金　　20
　　　　其他应收款　260　　　　　　　贷：其他应收款　　300

18. 某企业资产总额为 100 万元，当发生下列三笔经济业务后，其资产总额为（ 　 ）。

（1）向银行借款 20 万元存入银行；

（2）用银行存款偿还应付账款 5 万元；

（3）收回应收账款 4 万元存入银行。

A. 115 万元　　　B. 119 万元　　　C. 111 万元　　　D. 71 万元

19. "累计折旧"账户按其所反映的经济内容属于（ 　 ）账户。

A. 资产类　　　B. 负债类　　　C. 所有者权益类　　　D. 成本类

20. 某企业×月份生产甲产品，月初在产品成本 60 000 元，本月发生直接材料 100 000元，直接人工 40 000 元，制造费用 50 000 元，管理费用 70 000 元，无月末在产品，则本月完工产品成本为（ 　 ）。

A. 250 000 元　　　B. 190 000 元　　　C. 320 000 元　　　D. 260 000 元

21. （ 　 ）是预先分期从成本或期间费用中计提，但由以后月份支付的费用。

A. 预付费用　　　B. 预付账款　　　C. 预提费用　　　D. 待摊费用

22. 属于记账凭证，不属于原始凭证的内容是（ 　 ）。

A. 会计分录内容，即应借应贷账户名称及金额

B. 填制日期　　　C. 接受凭证的单位名称

D. 经济业务的内容摘要、实物数量和金额

23. 付款凭证左上角的"贷方科目"可能登记的科目有（ 　 ）。

A."应付账款"　　B."银行存款"　　C."预付账款"　　D."其他应付款"

24. （ 　 ）是对全部经济业务按照总分类账户和明细分类账户进行分类登记的账簿。

A. 序时账　　　　B. 分类账　　　　C. 备查账　　　　D. 订本账

25. 完工产品一批，验收入库，成本为8 000元，售价为10 000元。在填制记账凭证时，误将售价作为成本记账，科目并无错误，并已过账。在更正错误时，编制的分录为（　　）。

A. 借：库存商品　　　2000　　　　　B. 借：库存商品　　 2 000
　　贷：生产成本　　　2000　　　　　　　贷：生产成本　　 2 000

C. 借：库存商品　 8 000　　　　　　D. 借：生产成本　 2 000
　　贷：生产成本　 8 000　　　　　　　　贷：库存商品　 2 000

26. （　　）是用以调整财产物资账簿记录的重要原始凭证，也是分析产生差异的原因，明确经济的责任的依据。

A. 盘存单　　 B. 实存账存对比表　　 C. 银行对账单　　 D. 库存现金盘点表

27. 某企业月末银行存款日记账余额为80 000元，银行对账单余额为90 000元。企业已收、银行未收的款项为15 000元；企业已付，银行未付的款项为5 000元；银行已收，企业未收的款项为30 000元；银行已付，企业未付的款项为10 000元。则该企业月末银行存款的实有数为（　　）。

A. 90 000元　　 B. 110 000元　　 C. 125 000元　　 D. 100 000元

28. 企业向银行借款50万元，直接用于偿还前欠外单位货款，这项业务引起本企业（　　）。

A. 资产增加50万元　　　　　　　　 B. 负债增加50万元
C. 资产和负债同时增加50万元　　　 D. 资产与负债总额均不变

29. 某会计培训班学员小赵、小钱、小李、小孙在一起讨论账户借贷双方登记的内容，其正确的说法是（　　）。

A. 小赵说：借方反映资产、负债、所有者权益、收入、费用增加，贷方则反之

B. 小钱说：借方反映资产、收入增加、负债、所有者权益、费用减少，贷方则反之

C. 小孙说：借方反映资产、费用增减，贷方反映负债、所有者权益、收入增减

D. 小李说：借方反映资产、费用增加，负债、所有者权益、收入减少，贷方则反之

30. 利润表编制的依据是（　　）。

A. 借方余额账户　　　　　　　　　 B. 贷方余额账户
C. 损益类账户的发生额　　　　　　 D. 盘存类账户

二、多项选择题（每题2分，共20分）

1. 所有者权益包括的内容有（　　）。
A. 实收资本　　 B. 应付股利　　 C. 盈余公积　　 D. 未分配利润

2. 借贷记账法的试算平衡的方法有（　　）。
A. 发生额平衡　　 B. 余额平衡　　 C. 会计科目平衡
D. 会计要素平衡　　 E. 收支平衡

3. 编制会计分录时，应考虑的因素有（　　）。

A. 经济业务发生涉及的会计要素是增加还是减少

B. 确定应记账户的方向，应借还是应贷

C. 确定记入哪个账户的借方或贷方

D. 检查应借应贷科目是否正确，金额是否相等

E. 账户的余额是在借方还是在贷方

4. 预提费用账户（　　）。

A. 余额一定在借方

B. 可能有余额

C. 余额在借方表示支出数大于预提数

D. 余额在借方表示已预提但还未支付的费用

E. 余额一定在贷方

5. 下列账户在期末结转利润后，没有余额的是（　　）。

A. 应交税费　　　　B. 主营业务成本　　　C. 生产成本　　　D. 营业税金及附加

6. 会计报表的表头要素包括（　　）。

A. 编制单位名称　　　　B. 会计报表名称　　　　C. 货币计量单位

D. 填制日期　　　　　　E. 营业外收支净额

7. 下列属于非流动资产的有（　　）。

A. 长期股权投资　　　　B. 固定资产　　　　C. 无形资产　　　　　D. 库存现金

8. 某企业月末编制试算平衡表时，因漏算一个账户，计算的月末借方余额合计为150 000 元，月末贷方余额合计为 180 000 元，则漏算的账户（　　）。

A. 为借方余额　　　B. 为贷方余额　　　C 余额为 15 000 元　　D. 余额为 30 000 元

9. "生产成本"账户（　　）。

A. 借方登记为进行产品生产而发生的各种费用，包括发生的直接材料、直接人工和转入的制造费用

B. 贷方登记企业已经生产完成并验收入库的产品成本

C. 期末借方余额反映尚未完工的在产品成本

D. 期末借方余额反映已经完工入库的产成品成本

10. 下列会计科目的内容应进入损益表反映的有（　　）。

A. 待摊费用　　　B. 制造费用　　　C. 预提费用

D. 销售费用　　　E. 管理费用

三、判断题（每题 1 分，共 6 分）

1. 复式记账法不仅可以捕捉每一项经济业务引起的资金运动的两个方面，而且能够描述它们之间的相互作用和相互联系。（　　）

2. 权责发生制是以款项的实际收付为标准确定本期的收入和费用。（　　）

3. 预付费用是要根据后续各期的受益比例予以分摊计入的费用，所以又称待摊费用。（　　）

4. 企业进行利润分配，应记入"利润分配"账户的借方，意味着企业所实现的利润减少。（　　）

5. 反映长期负债的账户有：长期借款、应付债券、预提费用。（   ）

6. "待摊费用"账户和"预提费用"账户有相同的用途和结构。（   ）

四、分录题（每笔分录 2 分，共 44 分）

××企业 12 月份发生如下业务：

(1) 5 日，购入材料 11 700 元，货款以银行存款支付。

(2) 7 日，领用材料 28 000 元，用于产品生产。

(3) 9 日，收回购货单位前欠货款 20 000 元，存入银行。

(4) 10 日，销售商品一批，价款 32 760 元，存入银行。

(5) 14 日，以银行存款偿付前欠供应单位款项 30 000 元。

(6) 15 日，从银行提取现金 1 000 元。

(7) 17 日，以现金购买办公用品 620 元。

(8) 21 日，从银行提取现金 10 000 元，准备发放职工薪酬。

(9) 23 日，以现金支付职工薪酬 10 000 元。

(10) 25 日，销售产品一批，价款 40 014 元，货款未收。

(11) 27 日，以银行存款支付本月水电费 2 400 元，其中车间耗用 2 000 元，管理部门耗用 400 元。

(12) 30 日，以现金支付销售产品运费及包装费 1 000 元。

(13) 31 日，计算分配职工薪酬，生产工人 8 000 元，管理部门人员 2 000 元。

(14) 31 日，计提本月固定资产应计折旧 8 200 元，其中车间固定资产应计折旧 6 600 元，管理部门固定资产应计折旧 1 600 元。

(15) 31 日，预提本月短期借款利息 348 元。

(16) 31 日，摊销本月应付担的管理费用 4 100 元。

(17) 31 日，结转本月制造费用 4 100 元。

(18) 31 日，结转完工产品制造成本 45 720 元。

(19) 31 日，结转本月销售产品成本 45 000 元。

(20) 31 日，计算本月应交销售税金 3 110 元。

(21) 31 日，按利润总额 25% 计算应交所得税，并转入本年利润。

(22) 31 日，按税后利润 20% 分配投资者利润，10% 提取盈余公积。

根据上述业务资料编制会计分录。

参 考 文 献

[1] 黄明，郭大伟. 企业会计模拟实训教程. 大连：东北财经大学出版社，2003

[2] 谢红越. 基础会计实训. 长沙：中南大学出版社，2005

[3] 邹友松. 基础会计实训. 北京：中国物价出版社，1999

[4] 沈亚香，周陈莲，孙华. 新编会计模拟实习. 上海：立信会计出版社，2005

[5] 金中泉. 会计学基础. 北京：中国财政经济出版社，2002

[6] 张国健. 会计模拟实验教程. 北京：经济管理出版社，2003

[7] 李海波. 新编会计学原理. 上海：立信会计出版社，2004

[8] 万宇洵，徐铁祥. 会计业务模拟教程. 长沙：湖南大学出版社，2004

[9] 财政部《企业会计准则——基本准则》(2006). 上海：立信会计出版社，2006

[10] 财政部《企业会计准则——存货》等 38 项具体准则. 上海：立信会计出版社，2006

[11] 财政部《企业会计准则——存货》等 32 项具体准则应用指南. 上海：立信会计出版社，2006